지은이 **롤프 모리엔**Rolf Morr

뮌스터대학교와 비엔나대 다. 졸업 후 경제 전문 저 《악치엔아날리젠Aktien-Analysen》의 편집자로 일했다. 2002년부터 주식 정보 사이트를 운영하고 있다. 저서로는 독일 아마존 베스트셀러에 오른 『쉽게 이해하는 주식Börse leicht verständlich』, 『실전에 적용하는 주식정보Börseganz praktisch』, 『잃지 않는 투자법Verschenken Sie kein Geld!』 등이 있다.

하인츠 핀켈라우 Heinz Vinkelau

뮌스터대학교에서 국민경제와 경제사를 전공했다. 15년간 출판사에서 편집자로 일하다가 현재는 창업 컨설턴트로 활동하고 있다.

감수 **이상건**

미래에셋투자와연금센터 대표로 일하며 어려운 경제 지식을 일반 대중에게 쉽고 재밌게 전하는 다양한 활동을 이끌고 있다. 서강대 신문방송학과를 졸업했고 동부생명, 한경 와우TV 기자를 거쳐 경제주간지 《이코노미스트》의 금융 및 재테크 팀장을 지냈다. 저서로는 『부자들의 개인 도서관』, 『부자들의 생각을 읽는다』, 『돈 버는 사람은 분명 따로 있다』 등이 있으며, 감수한 책으로는 『조지 소로스, 금융시장의 새로운 패러다임』, 『피터 린치의 이기는 투자』, 『가치투자의 비밀』 외 다수가 있다.

번역 **강영옥**

덕성여자대학교 독어독문과를 졸업하고 한국외국어대학교 통역번역대학원 한독과에서 공부한 후, 여러 기관에서 통번역 활동을 했다. 현재 번역 에이전시 엔터스코리아에서 번역가로 활동 중이다. 옮긴 책으로는 『말의 마지막 노래』, 『아름답거나 혹은 위태롭거나』, 『인간과 자연의 비밀 연대』, 『호모 에렉투스의 유전자 여행』, 『자연의 비밀 네트워크』, 『바이러스』, 『200세 시대가 온다』, 『노화, 그 오해와 진실』, 『워런 버핏』 등 다수가 있다.

더 클래식 앙드레 코스톨라니

First published as
"Alles, was Sie üer André Kostolany wissen müsen"
by Rolf Morrien, Heinz Vinkelau
© 2020 by FinanzBuch Verlag,
ein Imprint der Muenchner Verlagsgruppe GmbH, Munich, Germany.
www.finanzbuchverlag.de.

앙드레 코스톨라니

투자의 심리를 꿰뚫은 유럽의 우상

Andre Kostolany

롤프 모리엔·하인츠 핀첼라우 지음 | 강영옥 옮김 | 이상건 감수

더 클래식

다산북스

"주식 시장의 90퍼센트는 심리가 지배한다."

- 앙드레 코스톨라니

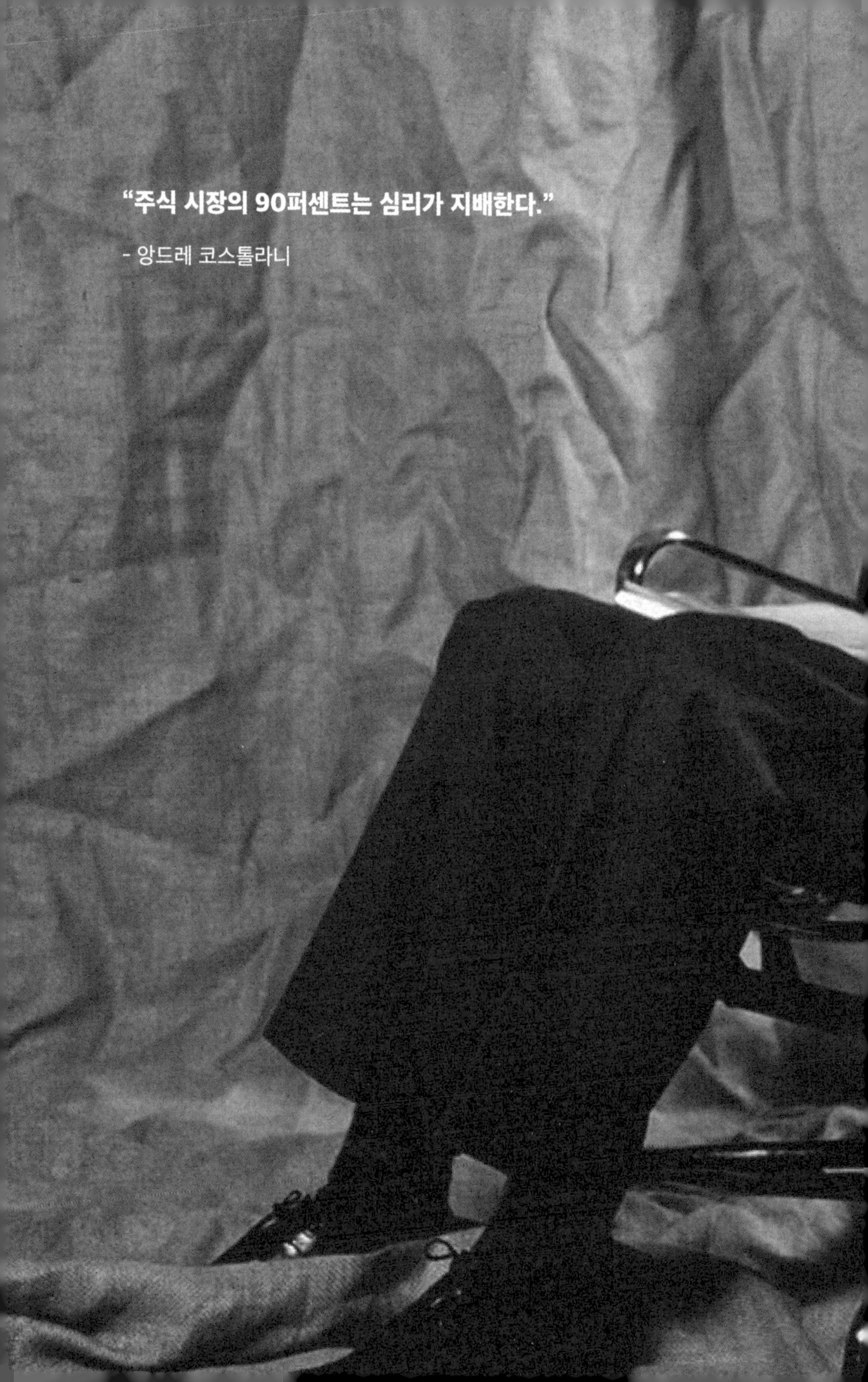

상상력이 지식보다 중요하다

앙드레 코스톨라니를 추억하며

"돈이 없으면 음악도 없지요." 헝가리 집시 음악가들은 연주를 시작하기 전 이렇게 말했다고 한다. 이 말에서 영감을 얻은 코스톨라니는 주식의 동향을 결정짓는 데 가장 중요한 요인들을 공식으로 정리했다. 그것이 바로 우리에게 익히 알려진 '통화량+심리=시세'라는 공식이다.

지금도 나는 1969년 뮌헨의 한 투자 회의에서 그와 처음 만났던 장면이 생생하게 떠오른다. 내가 6년 만에 미국에서 독일로 돌아왔을 때였다. 나는 경제 전문지 《캐피탈Capital》의 칼럼을 통해 이미 그의 얼굴을 알고 있었다. 코스톨라니는 어느 칼럼에서 독일을 가리켜 "투자 경험이 수십 년은 부족한 국가"라고 언급한 적이 있다. 회의를 마친 후 나는 조심스럽게 그에게 다가가 주식과 금융 투자 부문에 취약한 독일인들을 도와줄 수 있는지를 물었다. 그로부터 약 1년 후 우리는 피두카 자산관리회사FIDUKA Depotverwaltung(이하 '피두카')를 설립했다.

피두카를 설립한 지 3년째 되던 해에 우리는 주식 세미나를 개최하기로 했다. 그렇게 기획된 '코스톨라니 주식 세미나'는 독일에서 처음 열렸고, 코스톨라니는 64살의 나이에 새로운 인생을 시작했다. 그는 1999년 세상을 떠날 때까지 30년 동안 이 분야에 몸담았다. 1974년에 첫 세미나를 개최한 이후 지금껏 100회 이상 세미나가 열렸으며, 현재 이 세미나는 피두카에서 주최하고 있다.

우리는 그를 '코스토'라고 불렀는데, 30년 동안 코스토는 독일인들에게 주식 투자의 기초를 가르쳤다. 그는 자주 이런 말을 했다. "나는 가르치는 것이 아니라 설명할 뿐이다." 오스트리아·헝가리 제국 출신으로 빈의 커피하우스coffee-house 분위기를 느끼며 자란 코스토는 열정을 다해 저 넓은 금융 세계를 생생하고도 긴장감 있게 묘사했다. 그는 웃음기 가득한 얼굴로 자신을 '주식계의 순회 설교자'라고 말하고 다녔다.

외부 자본으로 경험을 쌓는 대부분의 금융 전문가와 달리 코스톨라니는 자신의 자본으로 경험을 쌓고, 다시 그 현장 경험으로 자신의 이론을 만들었다. 한번은 그가 이런 말을 한 적이 있다. "내 지식은 정글 같은 주식 거래 현장에서 배운 것이다. 내가 이것을 배우는 데 들인 비용을 다 합치면 미국 하버드대학교 등록금의 몇 배는 될 것이다."

그는 늘 주식 시장을 교란하는 자들에게는 대담하게 맞서고 돈 없는 개인 투자자들의 편에 섰다. 항간에 알려진 바와 달리 그는 '속전속결 스타일'의 트레이더가 아니었다. 그는 과거 프랑크푸르트에서 주식 거래를 했던 유대인의 말을 자주 인용했다. "머리가 아니라 엉덩이가 무거워야 주식으로 돈을 벌 수 있다."

한마디로 인내심이 가장 중요하다는 이야기다. 그는 투기를 도박이 아닌, 인내심과 상상력을 바탕으로 하는 투자라고 이해했다. 그에게 투기는 대부분의 사람이 잘못 이해하고 있는 것처럼 주식으로 빨리 돈을 버는 것이 아니라, 라틴어의 원뜻인 '엿보다speculatio'라는 의미였다. 코스톨라니에게 투기는 창의적인 과정이었다. 그는 "상상력이 지식보다 중요하다"라는 아인슈타인의 말을 자주 인용했다.

코스톨라니는 주식 시스템이 아니라 행동 원칙을 개발했다. 그중 하나가 경기 순환 주기에 역행하는 움직임이었다. 즉, 무리 본능을 따르지 않고 대중과 정반대로 행동하라는 것이다. 그는 단 5퍼센트의 사람들만 '대세에 역행하는' 경험과 원칙과 용기를 가지고 있다고 보았다. 그가 개발한 나머지 행동 원칙들은 이 책을 통해 자세히 배우길 바란다.

코스톨라니는 투자자이기에 앞서 '행동 과학behavioral science'의 선구자였다. 30년이 넘는 시간 동안 그는 돈에 관한 객

관적인 상담자이자, 실리적인 사고와 건전한 이성을 지닌 설교자로 활약했다. 그는 비범한 성격과 기질, 유머와 대담함, 음악에 대한 사랑, 로맨틱한 성향이 결집되어 있는 실로 독특한 인격체였다.

그가 세상을 떠나기 며칠 전 나는 파리를 방문했다. 당시 주식과 관련해 가장 뜨거운 주제는 '노이어 마르크트Neuer Markt', 즉 첨단 기술주 시장이었다. 당시 첨단 기술주 시장은 돈만 넣으면 수익이 바로 생기는 이른바 '돈 버는 자판기'로 여겨졌고, 나는 그에게 첨단 기술주 시장에 대해 어떻게 생각하는지를 물었다. 당시 코스톨라니는 몸이 완전히 쇠약해진 상태였지만, 여전히 꼿꼿한 자세와 위협적인 목소리로 사람들이 잘못 이해하고 있는 점에 대해 따끔하게 경고했다. "나는 독자들이 이런 투자 열풍에 동참하기를 권하지 않는다. 아니, 이런 투자를 하지 말라고 경고한다. 틀림없이 대참사가 일어날 것이다. 모든 것이 처참하게 무너질 것이다." 그로부터 8개월 뒤 그의 예측은 현실이 되었다.

코스톨라니라는 인물이 독일에 있었다는 사실은 독일인들

에게 매우 큰 선물이다. 나를 포함해 30년 동안 함께 일하고, 논쟁하고, 다투고, 논의할 수 있었던 모든 이들에게 코스톨라니는 그 존재만으로도 행운이었다. 그는 평생 낙관주의자로 살았고, 죽는 순간까지도 호기심을 멈추지 않았다. 코스톨라니는 내 사무실에 들어올 때 "좋은 아침입니다"라고 인사하기 전 항상 이렇게 물었다. "오늘은 또 어떤 새로운 일이 있습니까?"

2020년 5월 뮌헨에서

코스톨라니의 친구이자 동업자

고트프리트 헬러Gottfried Heller

전 세계 수천만 투자자를 매료시킨 특별한 삶과 철학

서문

우리가 흔히 위대한 투자가라고 부르는 이들 중 대다수는 어린 시절부터 투자의 역사에 한 획을 그을 만한 싹을 보였다. '유럽의 괴짜 투자 대가' 코스톨라니 역시 어린 시절부터 사업 감각을 키웠다. 제1차 세계대전이 불러온 혼란 속에서 그는 수많은 난민이 빈에 위치한 외환 암거래 시장에 내놓은 구화폐와 신화폐를 환전하는 작은 사업을 벌였다. "새 통화로 폴란드 마르크, 체코의 크로네, 디나 등이 거래되었다. 나는 이 화폐들을 서너 단계로 환전하면서

10퍼센트의 수익을 올렸다. 이렇게 나는 13살의 나이에 외환 거래인이 되었다."[1]

얼마 후 그의 가족이 고향인 부다페스트로 돌아왔을 때, 어린 코스톨라니는 본격적으로 주식 시장에 데뷔했다. 그는 '이제 곧 선박 회사의 르네상스가 펼쳐질 것'이라는 아버지의 통화 내용을 엿듣고는, 학교 친구들과 오셔닉Oceanic이라는 선박 회사 주식을 매수했다. 나중에 오셔닉이 선박 회사가 아니라 생선 통조림 제조 회사라는 사실이 밝혀졌지만, 어쨌든 이들은 단 몇 주 만에 주식으로 큰 수익을 올렸고 그토록 원했던 브로크하우스의 백과사전 전집을 구입할 수 있었다.[2]

과거 수십 년 혹은 수백 년 동안 성공적인 길을 걸어온 투자의 귀재들이 있다. 그리고 이들의 투자 전략은 이미 검증되었다. 그런데 왜 사람들은 이미 검증된 전략을 놔두고 엉뚱한 곳에서 길을 찾으려 하는 걸까? 대가들의 전략을 모방하는 것은 결코 부끄러운 일이 아니다. 오히려 어떤 전략이 성공적인지 알고, 이해하고, 그로부터 새로운 전략을 발견해 실천에 옮기는 남다른 능력을 발휘해야 한다.

투자를 하는 사람들이 잊고 있지만 그 어떤 격언보다 진실에 가까운 격언이 있다. "사람들은 10만 달러를 잃을 때까지 온갖 멍청한 짓을 한다." 사람들은 대체 왜 검증된 투자법을 무시한 채 자신의 아이디어만 고집할까? 왜 그렇게 실수를 되풀이하다 빈털터리가 되어서야 과거를 후회하고 절망하는 것일까? 우리는 그 모든 실패의 근원에는 무지가 자리하고 있다고 생각했다.

물론 이 책 한 권으로 전설적인 투자가들의 어린 시절을 전부 들여다볼 수는 없지만, 그럼에도 당신은 이 책을 통해 그들이 어떤 과정을 통해 배웠고 어떤 특성을 가진 인물로 성장했는지 알게 될 것이다. '더 클래식' 시리즈 1부에서는 먼저 전설적인 투자가들의 성장 과정을 다룬다. 2부에서는 위대한 투자가들의 투자 성공기와 그들만이 가진 전략을 소개한다.

투자의 귀재들로부터 투자법과 철학을 배운다면 잘못된

길로 빠질 가능성이 현저히 낮아질 것이다. 물론 그들의 전략을 그대로 베끼라는 뜻은 아니다. 이미 큰 성공을 거둔 투자가들의 결정 과정과 방식을 이해하면 투자에 도움이 된다는 이야기다. 이러한 관점에서 트렌 그리핀Tren Griffin이 쓴 『워렌 버핏의 위대한 동업자, 찰리 멍거』는 유용한 책이다. 이 책에서 그리핀은 이렇게 말했다.

> "찰리 멍거Charles Munger와 워런 버핏처럼 성향이 비슷한 사람도 없을 것이다. 이들의 롤모델은 많은 사람이 본받고 싶어 하는 벤저민 프랭클린Benjamin Franklin이었다. 다만 그를 영웅으로 숭배하기보다는 그의 품성, 성격, 체계, 인생에 대해 진지하게 고민했다. 특히 멍거는 수백 편의 자서전을 읽는다. 직접 체험하지 않고 다른 사람의 실패로부터 교훈을 얻는 것은 가장 빠르게 똑똑해지는 방법이기 때문이다."

바로 이것이 주식 투자로 바로 수익을 내지 못해도 위대한 투자의 거장들이 꿋꿋이 버틸 수 있었던 힘이었다. 워런 버핏Warren Buffett은 현대 주식 시장 역사상 가장 유명하고 성공한 투자가로 손꼽힌다. 그는 입버릇처럼 "투자는 단순하지만 쉬운 일은 아니다"라고 말한다. 그의 영원한 파트너인 찰리 멍거 역시 "단순한 아이디어를 진지하게 다루라"라고 이야기한다. 이처럼 투자에 성공하는 데에 어떤 신묘한 재주나 비법이 필요한 건 아니다.

우리가 '더 클래식' 시리즈를 통해 소개하는 전략 역시 대부분 아주 단순하다. 하지만 가슴에 손을 얹고 생각해 보기 바란다. 그토록 기초적이고 간단한 투자의 규칙 중에서 제대로 알고 있거나 실전에 활용하고 있는 내용이 단 하나라도 있는가? 우리는 왜 이토록 검증된 투자법을 그동안 외면해 왔을까? 이 책이 그러한 문제의식에 답하는 첫 번째 공부가 되길 바란다.

투자와 투기, 예술과 철학을 사랑한 코스모폴리턴

감수의 글

여기 한 사람이 있습니다. 대학에서 예술과 철학을 공부했고, 한때 예술 비평가를 꿈꿨습니다. 하지만 이른 나이에 우연히 만난 투자의 세계가 그를 가만두지 않았습니다. 주식이라는 마법은 강력한 원심력으로 그를 투자가로, 투기꾼으로 만들었습니다. 하지만 투자를 업으로 삼은 뒤에도 그는 예술의 세계를 떠나지 않았습니다. 그의 곁에는 항상 음악과 와인, 미술과 아름다운 연인들이 있었습니다. 그리고 이 사람은 한곳에만 머무는 유형의 인간이 아니었습니다. 코즈모폴리턴cosmopolitan, 즉 세계인이었습니다.

헝가리에서 태어나 파리, 독일, 오스트리아, 스위스, 미국 등을 오가며 그는 당대 그 누구보다 풍성하고 드라마틱한 인생을 살았습니다. 유럽 대륙과 아메리카 대륙을 내 집 드나들듯 넘나들었고 무려 4개 국어나 할 줄 알았습니다. 전 세계에 걸쳐 소유한 집만 여러 채였고, 발걸음이 원할 때마다 어디든 가서 머물렀습니다. 투자가, 아니 '투기꾼'임을 스스로 자랑스럽게 여겼던 이 사람은 나비넥타이를 맨 교양인이자 지식인이었고 패션에 관심이 많은 멋쟁이이자 교육자인 동시에 평생에 걸쳐 수십 권의 저술과 수백 편의 글을 발표한 저널리스트였습니다. 그의 삶의 무늬는 하나의 색으로 칠할 수 없습니다. 이 이야기의 주인공은 바로 1999년 9월 아흔셋의 나이로 세상을 떠난, 그 어디에도 속하지 않았던 자유인 앙드레 코스톨라니입니다.

코스톨라니의 삶은 다른 위대한 투자자들의 삶보다도 특별히 더 매혹적이며 유혹적이었습니다. 오로지 주식 투자에만 전념했던 워런 버핏과 달리 삶의 다양성을 즐겼고, 성실하고 모범적인 삶을 살았던 피터 린치Peter Lynch와 달리 가끔은 자신의 욕망 앞에서 솔직한 삶을 살았으며, 늘 어딘가에 소속되어 고객의 돈을 관리하거나 자산을 증식시켰던 전문 펀드매니저들과 달리 평생 어디에도 소속되지 않고 온전히 개인 투자자로서의 삶을 살았습니다.

그의 인생은 크게 3막으로 구분해서 조망할 수 있습니다. 첫 번째 막은 '투자가로서의 삶'입니다. 18살에 아버지 친구의 권유로 모국 헝가리를 떠나 파리에 가서 본격적인 주식 투자자의 길을 걷기 시작한 앙드레 코스톨라니는 긴박하게 돌아가는 투자의 현장에서 돈의 흐름과 투자의 감각을 온몸으로 익히며 35살까지 개인 투자자로 성장해 나갔습니다. 제2차 세계대전이 터지자 그는 발 빠르게 미국행을 선택했습니다. 이 길은 다른 유대인들과는 달리 고행의 길이 아니었습니다. 오히려 유유자적한 여행에 가까웠죠. 그의 호주머니에는 늘 돈과 금이 두둑했기 때문입니다.

오늘날의 가치로 무려 400만 달러 정도 되는 돈을 미리 미국에 옮겨놓았기 때문에 시쳇말로 놀고먹어도 될 상황이었습니다. 하지만 주식 시장의 강렬한 열기를 온몸으로 느끼며 살아온 그였기에 세계 주식 시장의 중심지라고 할 수 있는 미국 뉴욕에서 아무것도 하지 않고 놀고먹기만 하는 것도 고역 아닌 고역이었습니다. 게다가 당시 코스톨라니는 투자의 본능이 꿈틀대는 30대 후반의 너무나도 젊은 나이였습니다. 자신을 펀드매니저로 고용해 주는 회사가 없자 그는 자신의 돈을 직접 출자해 친구와 공동으로 회사를 창업한 뒤 투자를 이어갔습니다. 이번에는 주식이 아니라 채권과 상품 선물 거래로 막대한 돈을 벌어들였죠.

1948년 전쟁의 폭풍이 세계를 휩쓴 뒤 코스톨라니는 자신의 고향 유럽으로 돌아옵니다. 그는 황폐한 유럽과 파리의 대지를 바라보며 돈을 버는 일에 더 이상 큰 의미를 찾지 못했습니다. 이미 지금까지 확보한 자산만으로도 죽을 때까지 풍족한 생활을 이어나갈 수 있기 때문이었습니다. 그 순간 코스톨라니는 은퇴를 결정했습니다. 인생의 첫 번째 막이 마무리되는 순간이었습니다. 그리고 이와 함께 우울증이라는 마음의 병이 그를 급습했습니다. 돈도 있고, 집도 있고, 자유도 있었지만 소리 소문 없이 찾아와 온 마음을 헤집어놓는 우울증만큼은 그도 좀처럼 극복하기 어려웠습니다.

그를 어두운 터널에서 구해준 것은 글쓰기였습니다. 이때부터 그의 인생 두 번째 막이 올라갑니다. 음악에 관한 아름다운 글도 수없이 썼지만 가장 많은 대중의 마음을 훔친 글은 역시 투자에 관한 것이었습니다. 스스로를 '삼류작가'라고 표현했던 이른바 금융 저널리스트로서의 삶이 시작된 것이죠. 글쓰기와 출판은 메마른 그의 인생에 다시 불을 붙였습니다. 상상력이 풍부하고 호기심을 참지 못하는 그의 본능은 뜨거운 불씨를 만나 다시 한번 폭발하기 시작했습니다. 열성적으로 글을 쓰고 즐겼습니다. 그는 첫 책을 출간한 1960년대를 기점으로 수십 권의 책을 내며 저술 활동에 몰두합니다. 1964년부터는 독일의 유명 잡지 《캐피털》의 고정 칼럼니스트로 활약하며 세상을 떠나기 직전까지 수백 편의 칼럼을 기고했습니다.

그리고 운명처럼 인생의 세 번째 막이 찾아옵니다. 1974년 고향 친구 고트프리트 헬러의 제안으로 소규모 증권 세미나를 연 것이 계기가 되었습니다. 그는 여기서 악덕 금융업자들의 만행을 폭로하고, 무능하고 무책임한 경제 관료들의 태만을 지적하는 한편, 이론에만 몰두하느라 전체 투자 시장을 왜곡하는 고루한 경제학자들에게 냉소를 퍼부으며 주식 투자 강연계의 일약 스타로 급부상하였습니다. 이곳에서 그는 기댈 곳 없는 수많은 개인 투자자들의 뜨거운 대변자이자 변호인이었으며, 소수에게만 유리하도록 짜여 있는 주식 시장을 향해 큰소리를 칠 수 있는 몇 안 되는 차가운 비관주의자였습니다. 그의 첫 세미나에 참석한 사람은 30명에 불과했지만, 이후 약 20년간 3만 명이 넘는 투자자가 참석하면서 코스톨라니는 '주식 교수'라는 별명을 얻게 됩니다.

주식 투자를 가르치는 '교수'가 되었지만 그가 주식 투자를 완전히 접은 것은 아니었습니다. 이때부터 코스톨라니는 절대 망하지 않을 것 같은 우량 주식을 꾸준히 모으기 시작합니다.

"이제부터 나는 스스로를 '장기 투자자'라고 부르기로

했다. 수많은 강연과 인터뷰 때문에 계속해서 전 세계를 여행할 수밖에 없으므로 집중적으로 투자에 몰두할 수가 없다. 나는 현재 500종목 이상의 주식을 갖고 있지만 몇 년 전부터는 그 어떤 것도 팔지 않고 있다. 오직 좋은 주식을 추가로 매수해 모을 뿐이다."

저술가, 금융 저널리스트, 주식 교수 등 당시만 해도 생소했던 길을 새로이 개척한 코스톨라니는 은유적이면서도 명쾌한 논리로 자신만의 독특한 투자 철학을 사람들에게 펼쳐 보였습니다. 메시지의 은유가 너무 깊어지면 주장이 모호해지고, 메시지가 너무 명쾌하면 주장이 단순해지기 십상이지만 코스톨라니는 언제나 이 두 가지를 절묘하게 조합해 냈습니다. 그의 혈관에는 투자가로서의 피와 예술가로서의 피가 동시에 흘렀기 때문이 아니었을까요? 이렇게 점차 대중의 인기를 얻은 그는 수많은 방송에도 출연하며 인지도를 쌓아갔고, 급기야 1998년에는 90대의 나이로 아우디 신차 A8의 광고에 출연하며 '투자계의 현인', '미스터 주식Mr. share' 등의 별명을 얻을 정도로 투자가로서 한 시대를 풍미했습니다.

* * *

코스톨라니가 남긴 투자에 대한 글들은 지금 다시 읽어봐도 너무나 생생합니다. 코스톨라니는 주식 시장이라는 거대한 세계를 끝없이 인수 분해해 딱 두 가지 요소로 바라봤습니다. 하나는 돈(통화량)이고, 다른 하나는 심리입니다. 간단한 공식으로 표현하면 아래와 같습니다.

통화량 + 심리 = 시세

당연히 이 두 요소가 모두 긍정적이면 주가는 올라가고, 둘 다 부정적이면 하락합니다. 어느 하나의 요소만 좋으면 시장은 횡보합니다.

두 요소 중 먼저 '돈'에 주목해 볼까요? 코스톨라니는 돈을 '주식 시장의 영약'이라고 표현했습니다. 다른 글에서는 이렇게 서술했습니다. "돈은 시장을 숨 쉬게 해주는 산소이자 엔진을 돌아가게 하는 기름이다." 돈이 원활히 공급되려면 무엇이 전제되어야 할까요? 바로 중앙은행이 금리를 인하해야 합니다. 코스톨라니는 이렇게 단언했습니다. "금리가 인하되면 주저하지 말고 주식 시장에 뛰어들어야 한다." 그럼 반대의 경우라면 어떨까요? "늦어도 12개월 후에는 주가가 돈이라는 요소를 따라간다. 따라서 중앙은행이 전격적으로 금리 인상을 단행했다면 적당한 시기에 모든 물량을 매도하고 시장을 벗어나야 한다. 주가가 떨어지는 것은 시간문제일 뿐이다."

하지만 대다수의 투자자는 일확천금의 기회에 눈이 멀어 코스톨라니의 경고를 종종 잊고 맙니다. 더 이상 금리가 낮아질 수 없는 상황임에도, 시장에 통화량이 넘쳐흐를 대로 흐르는 상황임에도, 일부 개인 투자자들은 계속해서 시장에 산소와 기름이 무한히 공급될 것이라고 낙관하며 무리한 투자를 이어가는 것입니다. 코스톨라니가 제시한 공식에서 '돈'과 '심리'가 최대치를 찍었을 때 재빨리 포지션을 변경해 수익을 실현해야 하지만, 사람들은 욕심이라는 심리에 발이 묶여 계속해서 시장에 머물고 맙니다.

이 명료한 주장이 의심스러운 사람이라면, 2008년 금융위기 이후와 최근 코로나19 사태 이후의 중앙은행이 어떤 금리 정책을 시행했는지, 그 결과 주가가 어디로 향했는지 한 번 복기해 보면 어떨까요. '돈+심리=시세'라는 공식만 머릿속에 새겨 넣어도, 그리고 시장의 통화량은 밀물과 썰물이 반복되는 갯벌처럼 언젠가는 바닥을 드러내고 말 것이라는 사실을 기억한다면 과욕으로 인해 큰돈을 잃는 어리석은 일은 방지할 수 있을 것입니다. "주식 시장에서 산소 역할을 하는 것은 오직 돈뿐이다. 과거에도 그랬고 주식 시장이 존재하는 한 앞으로도 그럴 것이다."

앙드레 코스톨라니의 유산 중 가장 위대한 것은 단연 촌철살인의 비유입니다. 이 중에서 특히 유명한 것은 '산책하는 주인과 개'라는 이야기입니다. '통화량' 다음으로 주식 시장의 중요한 요소인 '변동성'에 대해 이보다 이해하기 쉬운 비유를 저는 아직 발견하지 못했습니다.

> 한 남자가 개 한 마리를 데리고 공원을 산책하고 있다. 남자가 산책로를 따라 앞으로 걸어가는 동안, 오랜만의 외출에 신이 난 개는 오른쪽으로 달려가 잔디밭에

서 뒹굴고 다시 왼쪽으로 달려가 산책로에서 만난 다른 개에게 꼬리를 흔드는 등 몹시 분주하다. 남자는 잠시 기다려주기도 하고 무시하고 걸어가기도 하면서 꾸준히 앞으로 나아간다. 그리고 어쨌든 남자와 개는 목적지에 도착한다. 남자는 직선거리로 목적지에 도착했고, 개는 여러 차례 지그재그를 그리며 도착했다는 점이 다를 뿐이다.

여기서 남자와 개는 각각 무엇을 비유하는 걸까요? 남자는 '경제'를, 개는 '주식 시장'을 뜻합니다. 혹은 남자는 '기업 가치'를, 개는 '주가'를 의미하기도 합니다. 경제와 주식 시장, 기업 가치와 주가는 반드시 일치하지도 않고 움직이는 방향도 제멋대로이며 때로는 오르내리는 순서마저 다를 때도 있습니다. 하지만 언젠가는, 그 언젠가를 정확히 알 수는 없지만, 경제와 주식 시장과 기업 가치와 주가는 하나의 지점(가격)으로 수렴합니다.

혹시 이 글을 읽고 있는 여러분은 남자를 바라보며 주식 투자를 하고 있습니까, 아니면 개를 바라보며 주식 투자를 하고 있습니까? 남자(경제, 기업 가치)는 보지도 않은 채 지그재그로 쉼 없이 움직이는 개(주식 시장, 가격)에만 초점을 두고 주식 투자를 하고 있진 않나요? 개가 이리저리 움직이며 만들어내는 변동성에 감정이 흔들려 하루에도 몇 번씩 주식 차트를 바라보고 있진 않나요? 그러다 자칫 성급한 의사결정이라도 하게 되면, 결국 최악의 결과를 만나게 될 테고요. 코스톨라니가 이 이야기를 통해 투자자들에게 전해주고 싶은 말은 무엇이었을까요?

"주가는 우상향한다, 이것을 믿어라."

남자와 개의 비유에 숨겨진 또 하나의 의미는 '인내심'에 관한 것입니다. 코스톨라니는 주식 투자에서 성공하려면 네 가지 미덕을 갖추어야 한다고 말합니다.

돈, 생각, 인내심, 행운.

여기서 말하는 '돈'은 빌린 돈이 아니라 진정한 '자기자본'입니다. '생각'은 투자자가 자신의 투자에 대해 가지고 있는 주체적인 아이디어 또는 확신입니다. 생각 없는 투자는 투자가 아니라는 것이죠. 돈도 중요하고 생각도 중요하지만 적당한 행운이 따라주지 않으면 큰돈을 벌 수 없다고 그는 말합니다.

하지만 가장 중요한 것은 '인내심'입니다. 자본과 출중한 아이디어가 있고 행운까지 따라준다고 할지라도, 가장 적당한 타이밍까지 기다리지 못하는 투자자는 결코 좋은 성과를 낼 수 없기 때문입니다. "주식 투자에서 가장 중요한 요소는 무엇일까? 지난 수십 년간 투자 시장을 관찰한 결과, 투자에 실패한 사람들에게 가장 부족했던 자질은 바로 인내심이었다."

장기적으로 경제가 성장하면 언젠가 주가는 오르게 되어 있습니다. 진정으로 가치 있는 기업이라면 외적인 변수에 의해 일시적으로 주가가 큰 폭으로 하락하더라도 언젠가는 제 가치를 찾게 될 것입니다. 이것을 믿지 않으면 주가의 변동성을 견뎌내기 어렵습니다. 저는 가끔 이 비유를 꺼내어 다시 읽는데, 그 이유는 약해진 마음을 다잡기 위해서

입니다.

* * *

앙드레 코스톨라니의 삶에서 우리가 생각해 봤으면 하는 가치는 그의 독립적인 사고방식입니다. 투자를 할 때 주체적으로 생각하기 위해서는 어떻게 해야 할까요? 온전히 독립적으로 생각하고 살아가기 위해서는 어디에도 속해 있지 않아야 합니다. 즉, 스스로 자기 삶의 주인이 되어야 하는 것이죠. 문제는 이렇게 자유롭고 독립적으로 살 수 있는 사람이 매우 적다는 것입니다. 대다수의 사람은 특정 조직이나 회사에 속해서 생계를 유지합니다. 하지만 비록 현실은 내일 출근을 해야 하고 당장의 밥벌이에 영혼을 팔아야 할지라도, 우리의 삶의 목표는 언제나 독립을 향해 있어야 합니다. 두 차례의 세계대전으로 수많은 위기와 고초를 겪으면서도 소신껏 자신의 길을 개척하고 늘 내면의 목소리에 귀 기울이며 남과는 다른 길을 택했던 앙드레 코스톨라니처럼 말이죠.

"백만장자란 누구일까? 남에게 의존하지 않고 자신의 의지대로 살아가는 사람을 말한다. 청소를 하든, 배달을 하든, 주식 투자를 하든, 사업을 하든 사장이나 고객에게 굽실거릴 필요가 없어야 하며, 언제 어디서든 괴테의 괴츠(1773년 출간된 괴테의 희곡 「괴츠 폰베를리힝겐」의 주인공이자 농민 전쟁의 두목으로, 강인하고 격정적이지만 신뢰를 중시하는 인물)를 인용할 수 있을 만큼 여유롭고 교양이 풍부한 사람이어야 한다. 남의 간섭을 받지 않고 자기 삶의 주인으로 살아가는 사람만이 진정한 의미의 백만장자라고 할 수 있다."

아무리 억만금을 모았을지라도 독립하지 못한 백만장자는 그저 돈 많은 사람일 뿐입니다. 그럼 백만장자가 되려면 어떻게 해야 할까요? 코스톨라니는 우리에게 세 가지 조건을 제시합니다.

첫째, 부동산, 유가증권, 상품 등에 투자해 큰돈을 버는 것.

둘째, 부유한 배우자를 만나는 것.

셋째, 독창적인 아이디어로 장사나 사업을 벌여 크게 성공하는 것.

코스톨라니는 이 중 첫 번째 방법으로 백만장자가 됐습니다. 그는 사업가에 비해 투자가는 '호사스러운 방법'을 통해 부자가 될 수 있다고 말합니다. "사업가는 언제나 자기가 시작한 사업에 전념하며 분주하게 활동하고 굴곡이 많은 생활을 한다. 그러나 투자가는 자신이 직접 일을 하지 않고 수동적으로 관망만 해도 이익을 챙긴다. 그에게는 직원도 없고 고용주도 없다. 그는 언제 어디서나 친근하게 인사를 나누지 않아도 되고 은행원이나 중개인처럼 신경질적인 고객을 만날 필요도 없다."

하지만 알다시피 투자만으로 부자가 되는 것은 결코 쉬운 길이 아닙니다. 투자로 백만장자가 되려면 '리스크'를 자신의 삶의 일부로 받아들일 수 있어야 합니다. 위험을 피하려고만 애쓰면 위험을 현명하게 관리할 수 없습니다. 투자는 위험을 관리하는 것이지 피하는 것이 아니기 때문입니다. 주식계에는 이런 말이 있습니다.

"위험이 없으면 수익도 없다."

아무리 투자가의 삶이 사업가의 삶보다 더 편안하고, 부유한 배우자를 만나는 것보다 더 쉬워 보여도, 문외한이 섣불리 투자가의 삶을 살겠다고 덤볐다가는 더 큰 위험에 처할 것입니다. 이것은 코스톨라니의 경고이기도 합니다.

여러분은 어떤 백만장자가 되고 싶나요? 앙드레 코스톨라니의 지난 삶과 그가 평생 글과 말로 남긴 투자의 철학은 아무나 따라 할 수 없는 비범한 것들이지만, 이 세상에 이토록 다양한 삶의 모습이 있다는 것을 보여주는 훌륭한 사례이기도 합니다. 무려 80여 년 동안 몽상가, 투기꾼, 음악가, 백만장자 등 다채로운 삶을 살아간 거장巨匠의 음성을 책으로 다시 만나면서 저 또한 그의 치명적인 매력에 푹 빠졌습니다. 하지만 걱정하지 않으셔도 됩니다. 그의 매혹은 충분히 치명적이지만 우리를 죽이지는 않으니까요.

30대의 나이에 이미 평생 써도 부족함이 없는 돈을 번 그는 남은 인생을 그 누구보다 자유롭고 독립적으로 살며 유럽의 투자계에 거대한 유산을 남겼습니다. 독자 여러분께서 이 책을 읽으며 하나의 색으로는 다 그려낼 수 없는 코스톨라니의 삶에 정신없이 빠져보면 좋겠습니다. 그리고 그가 남긴 투자의 나침반을 통해 험난한 주식 시장을 주체적으로 헤쳐나갈 힌트를 얻어 가길 바랍니다.

미래에셋투자와연금센터 대표
이상건

목 차

앙드레 코스톨라니를 추억하며 | 상상력이 지식보다 중요하다 7

서문 | 전 세계 수천만 투자자를 매료시킨 특별한 삶과 철학 13

감수의 글 | 투자와 투기, 예술과 철학을 사랑한 코즈모폴리턴 18

1부 앙드레 코스톨라니의 삶

탕아, 투기꾼, 저널리스트 그리고 강연가

암거래 시장에서 배운 투자의 심리 41

파리증권거래소에서 보낸 견습생 시절 55

미국 망명 시절, 전후 독일에 모든 것을 걸다 71

유럽으로의 귀환 83

이 책들이 나를 살렸다 91

투자는 과학이 아니라 예술이다 99

2부 앙드레 코스톨라니의 투자 철학

가격은 가치를 이길 수 없다

1929~1999 | 코스톨라니의 70년 투자 성적표 109

코스톨라니의 달걀 모형 | 언제 사고 언제 팔 것인가 115

매수와 매도의 단서들 | 숙면을 방해하면 팔아라 121

개를 키우는 남자 | 장기적으로 모든 주가는 오른다 125

성공 전략 4G | 몰트케는 이렇게 말했다 129

2×2=5-1 | 앙드레 코스톨라니의 신조 135

통화량+심리=시세 | 코스톨라니와 버핏의 결정적 차이 139

종목 선정 4단계 | 톱다운 방식을 통한 스톡피킹 143

불황에도 돈 버는 법 | 공매도를 이용한 헐값 매수 투자 147

독립 본능 | 무리에서 벗어나라 151

부록

앙드레 코스톨라니의 10가지 철칙, 10가지 금기 155

더 클래식 앙드레 코스톨라니 연대표 161

더 클래식 투자 용어 사전 169

미주 205

1부
앙드레 코스톨라니의 삶

탕아, 투기꾼, 저널리스트
그리고 강연가

돈이 많은 사람은 투기를 할 수 있다.

돈이 적은 사람은 투기를 하면 안 된다.

하지만 돈이 없는 사람은 투기를 해야 한다.[3]

암거래 시장에서 배운 투자의 심리

1906~1924

앙드레 코스톨라니는 늘 도발적인 주장을 했다. 실제로 코스톨라니가 했던 말과 다른 사람들이 말했던 코스톨라니에 대한 평가를 몇 가지 소개한다.

> "논쟁은 오락가락할 수 있다. 하지만 주식 시장의 장기 동향은 항상 똑같다. 장기적으로 주가는 꾸준히 상승한다."[4]

"주식 시장의 90퍼센트는 심리가 지배한다."[5]

나는 늘 초보자들에게 저렴한 종목만 찾지 말고, 오히려 비싼 투자 대상을 찾으라고 조언한다.[6]

"앙드레 코스톨라니는 독일 주식 시장의 특징을 도이체방크Deutsche Bank, 드레스덴방크Dresdner Bank, 코메르츠방크Kommerzbank보다 정확히 파악하고 있다."[7]

앙드레 베르톨로메프 코스톨라니André Bertholomew Kostolany는 1906년 2월 9일 부다페스트에서 제조업자 루트비히(루이Louis 또는 라요스Lajos로도 불림) 코스톨라니Ludwig Kostolany와 코르넬리아 코스톨라니Cornelia Kostolany 부부의 넷째이자 막내로 태어났다. 코스톨라니는 부모님이 '부유한 상류층'이었다고 말했다.[8] 실제로 그의 아버지는 오랜 전통의 화주 공장을 소유하고 있었고, 부다페스트 시참사회市參事會에서 영향력 있는 인물이었다. "부모님은 지나치게 엄격하진 않았지만, 지금보다 성실함과 훌륭한 예의범절을 훨씬 중요시했던 당시의 교육 방식을 따랐다."[9]

코스톨라니의 아버지는 인생을 즐기는 탕아이자 보헤미안이었고, 완벽한 낙천주의자였다. 하지만 이와 정반대로 어머니는 가문의 재산을 철저히 지켰다.[10] 아버지와 어머니는 유대인 가정 출신이었지만 로마가톨릭교회에서 세례를 받았다. 꼬마 코스톨라니도 세례를 받았지만, 그는 자신이 유대인 혈통이라는 사실을 자랑스럽게 말하고 다녔다.

부다페스트의 상류층에 속했던 코스톨라니의 가족은 휴가 때마다 이웃 나라의 휴양지로 여행을 다닐 만큼 부유했다. 부유층에 걸맞게 그의 부모님은 어린 코스톨라니의 교육을 입주 가정교사에게 맡겼다. 가정교사는 독일인이었기 때문에 이웃과 하인들에게 미움을 받았지만, 코스톨라니는 그녀 덕분에 어릴 적부터 독일어를 배울 수 있었다. "나는 4개 국어를 할 줄 알았다. 그중 하나가 독일어였는데 가장 서툴렀다. 내 가정교사가 독일 밤베르크 출신이어서 어릴 적부터 독일어를 배울 수 있었다. 물론 나에게는 독일어보다 프랑스어가 더 익숙했다. 전쟁 때를 제외하고는 1924년부터 줄곧 프랑스에서 살았기 때문이다."[11]

코스톨라니의 어머니는 클래식 음악을 좋아했고, 자녀들에게 일찍이 음악 교육을 시켰다. 코스톨라니보다 열네 살이 많은 형 에메리히Emmerich는 피아노를 쳤고 직접 곡을 쓰기도 했다. 둘째 형인 벨라Bela는 바이올린을 연주했고, 코스톨라니보다 여덟 살 많은 누나 릴리Lilly는 성악 레슨을 받았다. 코스톨라니 역시 피아노 레슨을 받았는데, 어린 시절에 이미 어머니와 함께 베토벤 심포니 전곡을 합주할 정도로 실력을 갖추었다.[12]

1914년 코스톨라니가 학교에 다니기 시작한 지 얼마 안 돼서 제1차 세계대전이 터졌다. 아직 어린 학생이었던 그는 전쟁의 여파를 거의 느끼지 못했다. 코스톨라니의 가족은 무려 2000만 명의 목숨을 앗아간 전쟁의 영향을 상대적으로 적게 받은 편이었다. 우선 그의 아버지는 참전하기에는 나이가 너무 많았다. 게다가 미리 손을 써서 두 아들을 위험하지 않은 지역으로 보낸 뒤였다. 전쟁이 끝나고 공산주의자들이 헝가리의 실권을 장악하면서 평의회 공화국이 선포되자, 1919년 코스톨라니 가족은 빈으로 망명했다.

이렇게 불안정한 시기에 코스톨라니는 본격적인 '투기꾼 생활'을 시작했다. 전쟁이 끝난 후 유럽 각 지역에서는 일부 구화폐와 신화폐가 동시에 유통되고 있었는데, 이것이 합법적이지 않은 거래를 부추겼다. 어린 코스톨라니는 이런 외환 암거래 시장에 과감히 뛰어들었다. "난민들이 밀려들면서 빈의 외환 암거래 시장은 성황을 이루었다. 나는 비교적 자유 시간이 많았기 때문에 외환 거래 현장을 관찰할 수 있었다. 나는 곧바로 이 일에서 흥미로운 가능성을 발견했고, 겨우 13살의 나이에 주식 투자를 시작했다."[13]

코스톨라니는 새로 발행된 폴란드 화폐 마르크와 체코의 크로네를 주로 거래했다. 당시 그는 외환 거래를 통해 항상 10퍼센트의 수익을 올렸다고 말했다.[14]

하지만 헝가리의 평의회 정부는 몇 달밖에 버티지 못했고, 1919년 말 코스톨라니 가족은 부다페스트로 돌아왔다. 그리고 그는 이전에 다녔던 부다페스트의 유명한 가톨릭계 김나지움에 다시 들어갔다. 1920년대 초반 코스톨라니는 이곳에서 학교 친구들과 함께 문학 클럽을 결성

했고, 이 모임의 회계 총무로 선출되었다. "나는 내 역할을 정말 진지하게 받아들였다. 그랬기 때문에 직업적 양심과 열정을 다해 모임의 전반적인 재정 상태를 꼼꼼히 관리했다."[15]

전후 부다페스트는 투기 열풍에 휩싸여 있었다. 코스톨라니도 문학 클럽 친구들과 함께 회비를 주식에 투자했다. 그맘때쯤 코스톨라니는 앞으로 선박 회사가 호황일 것이라고 하는 아버지의 통화 내용을 엿들었다. 김나지움에 즉시 '참모 회의'가 소집되었고, 앙드레와 친구들은 조만간 뜰 것이라는 선박 회사 리스트를 샅샅이 파헤쳤다. "문학 클럽의 자금은 제한적이었기 때문에 우리는 총공격을 개시할 수 없었다. 그러던 중 오셔닉이라는 주식을 발견했는데, 우리가 충분히 매수할 수 있는 가격이었다. 우리는 오셔닉 주식을 매수하기로 결정했다."[16]

매수 이후 부다페스트 증시가 잠시 하락세를 보이며 오셔닉의 주가도 떨어졌지만, 다행히 이내 회복되었다. "오셔닉의 주가가 회복되자마자 우리는 열렬히 원했던 브로크하우스의 백과사전 전집을 구입했다.[17] 더불어 소형 브리타니커 백과사전도 샀다."[18]

어린 코스톨라니와 친구들의 첫 주식 투자는 대성공을 거두었다. 하지만 이 투자에는 재미있고도 사소한 실수가 있었다. "금융 거래에 첫발을 내디디고 며칠이 지나서 나는 오셔닉이라는 회사가 선박 회사가 아닌 통조림 제조 회사였다는 사실을 알게 되었다!"[19]

코스톨라니의 첫 주식 투자는 실수와 오해로 시작되었지만 어쨌든 결과적으로는 성공했다. 어린 앙드레에게 주식이나 유가증권을 매수하는 것은 낯선 일이 아니었다. 그의 가족이 일상적으로 주식 투자를 해왔기 때문이었다. "내 어린 시절은 주식으로 점철되어 있었다. 부다페스트에서 주식은 일상이었다. 모든 대화의 주제가 주식이었고, 내 주변 사람들의 취미도 주식이었다."[20]

코스톨라니의 삼촌은 제1차 세계대전이 터지기 전에 부다페스트 곡물 시장에서 '헐값 매수 투자'를 했다. 이는 지금의 투자 전략으로 치면 '공매도'와 비슷한 매수 전략이었는데, 특정 분야의 시장이 상당한 불황을 겪을 것을 예측해 미리 생산물을 사뒀다가 품귀 현상이 빚어지면 높은 값에 파는 전략이었다. 시장이 불황을 겪으면 겪을수록 투자자는 돈을 번다는 측면에서 헐값 매수 투자와 공매도 투자는 유사했다. 그는 귀리 시세가 하락할 때 귀리를 사들였고, 오랫동안 비가 올 것으로 예상되자 크게 기뻐했다. 귀리 등 농작물은 오랫동안 장마가 이어지면 파종을 하지 못해 품귀 현상으로 인해 가격이 폭등하기 때문이었다. 하지만 반대로 코스톨라니의 사촌들은 크게 실망했다. 폭우 때문에 그들이 그토록 고대하던 헝가리 대 오스트리아 축구 경기가 취소되었기 때문이다.

제1차 세계대전이 일어나기 직전 부다페스트에서는 투기 열풍이 불었다. 당시 대형 은행에서 견습생으로 일하던 코스톨라니의 큰형 에메리히는 몇몇 친구들과 함께 돈을 빌려서, 헝가리에서 포도 농사를 지을 때 덩굴을 묶는 데 쓰는 라피아야자를 샀다. 전쟁이 터진 뒤 처음에는 라피아야자의 가격이 올랐지만 곧 폭락했다. 은행에서 증거금을 지불하라는 연락이 왔고, 에머리히는 패닉에 빠져 자살하고 싶다는 말까지 했다. 결국 아버지가 나서서 돈을 빌려주었다. "교수형을 당한 사람이 있는 집에서 '교수형'이란 말이 금기어이듯이, 이후 우리 가족에게 '라피아야자'라는 말은 금기어가 되었다. 다행히 비극은 일어나지 않았고 우리 가족은 명예를 지켰다. 대신 나는 오랫동안 꿈꿔온 빨간 자전거를 가질 수 없었다."[21]

코스톨라니는 대학 입학 자격시험에 통과한 뒤 대학에 입학했다. "나는 부다페스트대학교에서 철학과 미술사를 전공했다."[22] 코스톨라니는 미술 비평가나 문예 집필가가 되기를 원했고, 철학과 미술사는 이 분야에서 일하기 위한 조건으로는 환상의 조합이었다.

주변에 사람이 많았던 앙드레의 아버지에게는 알렉상드르Alexandre라는 학교 친구가 있었다. 그는 파리에서 주식 중개 회사를 운영하고 있었다. 코스톨라니의 부모님은 이 친구의 집에 자주 방문했다. 그러던 어느 날 알렉상드르는 앙드레의 아버지에게 "아들을 자신에게 보내 실용적인 지식을 가르치는 게 어떻겠느냐"라고 제안했다.[23] 코스톨라니의 아버지는 흔쾌히 그 제안을 수락했고, 코스톨라니는 여름 방학이라는 자유 시간을 이용해 파리의 주식 시장을 살펴볼 수 있었다.

그는 국제특급열차에 올라 전쟁의 여파와 우울함에 빠져 있던 부다페스트를 떠났다. "실업과 빈곤이라는 우울한 분위기가 헝가리와 오스트리아를 짓누르고 있었다. 음울함이 짙게 깔린 제국에서 도망쳐 방학 때 파리에서 몇 주간 보내고자 했던 아이디어는 내게 뜻밖의 기회를 안겨주었다."[24]

코스톨라니는 자신의 고향 부다페스트와 대조적으로 반짝거리는 프랑스의 대도시 파리에 완전히 매료되었고, 이곳에서 그의 인생은 꽃을 피웠다.

그는 화려한 거리, 공원, 기념비적인 건축물, 레스토랑, 흥미로운 밤의 유흥 생활로 가득한 이 도시를 즐겼다. 그러니 몇 주 후면 떠나야 한다는 사실에 그가 우울해했던 것은 놀랄 일이 아니다. “케이크 전문점 유리창에 얼굴을 바짝 대고 구경하는 어린아이처럼, 나는 이 엄청난 자극과 충동을 만끽했다. 하지만 난 곧 파리를 떠나야 했다. 슬픔과 불안에 젖어 있는 부다페스트로 돌아왔을 때, 나는 어떻게 해서든 파리로 돌아가야겠다는 생각만 했다.”[25]

국민경제학자들에 대한 코스톨라니의 분노

앙드레 코스톨라니는 여러 권의 저서를 통해 이론에만 매달리는 국민경제학과 국민경제학자라는 직업을 비판했다. 국민경제학자들은 방향 감각을 잃은 사이비 학자들이고, 이들의 진단은 근본적으로 잘못되었으며, 숫자에 미친 사람들일 뿐이라는 말이었다. 그리고 이는 국민경제학자에 대한 코스톨라니의 비판 중 일부에 불과하다.

그는 자신이 국민경제학자들을 혐오하는 이유를 말년에 출간한 책의 도입부에서 이렇게 밝혔다. “솔직히 고백하자면 나는 (…) 철학과 미술사뿐만 아니라 거시경제를 전공했다. 내 학위는 서랍에 처박혀 있지만, 나는 거시경제학자처럼 거만하고 오만하게 생각하는 것을 항상 경계한다.”[26]

코스톨라니가 국민경제학자들을 비판했던 구절 중 몇 가지를 소개하겠다.

"나는 고발한다! 저축자들을 우롱하고 대중과 사업가와 기업인들에게 혼란을 초래한 직업 경제학자들을 고발한다. 이들의 국민경제학은 헛된 지식 추구 행위다."[27]

"존 메이너드 케인스John Maynard Keynes는 (…) 주식 투자로 돈을 번 몇 안 되는 국민경제학자 중 한 사람이다."[28]

내가 사랑하는 곳은 내 고향과 파리뿐이다.[29]

나는 당시 세계의 중심이었던 도시로 왔다.

이 도시는 환상적이었고 마치 거대한 유원지 같았다.[30]

파리증권거래소에서 보낸 견습생 시절

1924~1940

1924년 코스톨라니는 주식 투자법을 익히기 위해 두 번째로 파리에 갔다. 그는 뤽상부르공원 인근 학생들의 거리인 카르티에라탱에 있는 브레질호텔에 방을 하나 잡았다. "내가 이곳을 선택한 결정적인 이유는 호텔 앞에 있는 안내판에 지크문트 프로이트Sigmund Freud가 묵었던 곳이라고 쓰여 있었기 때문이다."[31]

숙박비는 한 달에 200프랑이었는데 이는 아버지의 친구

알렉상드르에게 받은 급여 액수였다. 여기에 코스톨라니는 아버지와 함께 가족 기업을 물려받아 운영하고 있던 형 벨라로부터 생활비를 받았다. 이렇게 그는 파리의 비싼 생활비를 겨우 감당할 수 있었고, 호화로운 생활은 꿈도 꿀 수 없었다.[32] "이 도시에서는 모든 것을 가질 수 있다. 그러기 위해 필요한 것은 단 하나, 바로 돈이다." 그래서 코스톨라니의 머릿속에는 '돈을 벌자, 많이 벌자'라는 생각이 깊이 박히게 되었다.[33]

1920년대 파리에는 헝가리 망명자들이 모여 사는 큰 구역이 있었고, 이곳에서 코스톨라니는 금세 친구를 사귀었다. 그중에는 코스톨라니보다 2년 먼저 파리로 온 사촌 에티엔느 팔로스Etienne Pallos가 있었다. 팔로스는 코스톨라니의 아버지에게 사촌을 돌봐주겠다고 약속했고, 실제로 그 약속을 지켰다.

앙드레 코스톨라니는 사탕수수 거래로 유명했던 어느 중개 회사에서 견습생 생활을 시작했다. "처음 증권거래소에서 보낸 시간은 정말 긴장이 넘쳤다. 이곳은 마치 거대한 카지노 같았다. 돈이 공중에 떠다니고 있었다. 오직 돈 냄새를 맡고 움켜쥘 수 있는 감각만이 필요했다."[34]

처음 경험한 파리증권거래소에 대한 기록에서 코스톨라니는 거칠고 시끌벅적한 거래 현장의 모습을 다음과 같이 묘사했다. "솔직히 나는 무언가를 찾으려고 정신없이 움직이는 수백 명의 사람들이 대체 무엇을 하고 있는 건지 잘 이해할 수 없었다."[35] 그때 젊은 코스톨라니는 '배우는 과정이란 항상 고달프다는 사실'을 금세 깨달았다. 처음에 그는 심부름꾼, 즉 보조 직원으로 주식 시장에 투입되었다. 그는 보조 직원의 업무를 댄서에 비유하기도 했다. "보조 직원들은 한 그룹에서 다른 그룹으로 서둘러 움직였다. 고객이 서명한 작은 주문서를 손에 쥐고 이 건물에서 저 건물로 마치 폴카를 추듯 돌아다녔고, 이 방향 저 방향으로 움직였다."[36]

얼마 지나지 않아 코스톨라니는 도떼기시장처럼 정신없는 증권거래소의 생활에 익숙해졌고, 주식 거래에 점점 더 흥미를 갖게 되었다. 그는 휴식 시간에도 사무실에 남아서 회사의 지난 거래 내역이 깔끔하게 정리되어 있는 장부를 보며 공부했다.[37] 그는 보조 직원으로 일하면서 주식 투자의 비결을 터득한 후 고객을 확보하는 비결도 배웠다. 처음 코스톨라니에게 일을 가르쳐준 므슈 알렉상드르와 그의 형제는 이 분야에 특히 경험이 많았는데, 나중에는 젊은 코스톨라니에게 주식 투자로 성공하는 데 필요한 기술도 전수해 주었다.

1927년 코스톨라니는 견습생 과정을 마친 후 몇 년 동안 유가증권 중개인으로 여러 중개회사에서 일했다. 그는 고정급을 받지 않고 성공한 비즈니스에 대해서만 수당을 받았다. "고객 확보는 나에게 어려운 일이 아니었다. 나는 므슈 알렉상드르와 함께 일하면서 고객 확보 분야의 대가가 어떻게 일하는지 어깨너머로 배웠기 때문이다."[38]

이 시기에 코스톨라니는 자신의 돈으로 처음 주식 투자 비즈니스를 시작했다. "1920년대 말 나는 파리에서 처음 주식 투자를 시작했다. 투자 팁은 우리 회사의 사환에게서 얻었다. 나의 첫 거액 투자는 라우리움Laurium이라는 프랑스 철광석 회사의 주식 2주를 현금으로 약 400프랑에 매수하고, 영국과 포르투갈의 합작 광산 회사인 모캄비크 Mocambique의 주식 25주를 선물 옵션으로 계약해 1주당 30프랑에 매수한 것이었다."[39]

당시는 상승장이 이어지고 있었기 때문에 코스톨라니는 매수가의 2배에 주식을 매도할 수 있었다. 이후 그는 사환의 조언에 따라 리스크가 큰 거래에 도전했다. 그는 소련이 정권을 장악한 후 가치가 없어진 차르 시대의 러시아 주식, 소위 '휴지 조각 주식Nonvaluer'을 헐값에 매입했다. 그리고 이 거래 역시 성공했다. "다른 모든 주식과 마찬가지로 이 '휴지 조각 주식'도 올랐다. 내 재산은 2배로 불어났다. 나는 한순간에 200달러의 현금을 보유한 소자본가가 되었다. 당시 이것의 실제 구매력은 3만 마르크(여기에서는 도이치마르크를 의미하며 이는 한화로 약 2000만 원에 해당한다-옮긴이)였다."[40]

이렇게 코스톨라니는 자비로 활용할 수 있는 투자의 밑천을 마련했다. 사람들은 그가 차르 러시아의 가치도 없는 주식으로 더 많은 이익을 챙길 수 있었다고 주장했지만, 그는 이 논리는 잘못되었다고 생각했다. "사람들은 내가 그 휴지 조각들을 더 나중에 팔아야 했다고 말한다. 하지만 나는 그때 모든 것이 부풀려져 있다는 인상을 받았다. 곳곳에서 들리는 투자 팁은 내가 보기에 유치하고, 원시적이며, 정교한 논리나 진지한 고찰이 없는 것처럼 보였다. 나는 결단을 내렸다. 주가가 상승하고 있을 때 정반대로 대처하기로 말이다. 그때부터 나는 주가가 떨어지는 하락장일 때만 투자했다."[41]

대세에 역행하여 주가가 하락할 때에만 투자하겠다는 그의 결심이 옳았다는 것은 몇 년 후에 밝혀졌다. '내 코가 나의 성이다(My nose is my castle)'[42]라는 모토처럼, 코스톨라니는 주가가 붕괴 직전이라는 낌새를 정확하게 알아차릴 수 있는 후각을 갖고 있었다. 1929년 10월 22일 월스트리트에서 대량 매도세가 이어졌고, 이후 역대 최악의 주가 대폭락 사태가 터졌다. 이 분위기는 삽시간에 유럽의 증시로 확산되었고, 결국 하락하는 주식에 투자한 소수의 투자자들만이 수익을 올리게 되었다. 그중 한 사람이 바로 앙드레 코스톨라니였다. "유럽 증시의 주가가 폭락하자 나는 헐값 매수 투자자로서 명성이 알려지기 시작했다. (…) 매일 저녁 나는 승리를 쟁취한 듯한 기분을 느꼈다."[43]

이 시기에 그는 학창 시절 친구인 한스 카니츠Hans Kanitz와 함께 지내고 있었다. 이후 몇 년 동안 코스톨라니는 하락하는 주식에 투자해 수익을 올렸다. 오스트릭 그룹Oustric Group, 드빌더Devilder, 크뤼게르Krueger 등 수많은 대형 기업이 무너지면서 코스톨라니는 큰돈을 벌었다. "내 비즈니스는 정말 잘되고 있었다. 몇몇 유가증권의 시세가 폭락하고 다른 사람들에게 시련이 찾아올 때 반대로 나는 큰돈을 벌었다. 대부분의 젊은이가 견습생 생활을 마칠 나이에 나는 은퇴해도 될 만큼 돈을 벌었다. 실제로 가능한 일이었지만, 나는 은퇴를 선택하지 않았다."[44]

이제 코스톨라니는 인생을 즐기고 살기에 충분한 돈을 갖게 되었다. "스물다섯 살 때 이미 나에겐 개인 운전사가 있었다. 이들의 임금은 부자들의 껌값 수준이었다. 호화 호텔에서 지내는 것도 나에게는 크게 부담되는 일이 아니었다. 일주일 내내 나는 생모리츠의 팰리스호텔에서 지냈다."[45]

무엇보다 주가가 하락할 때 투자하는 전략은 코스톨라니에게 '주식의 신'이라는 명성을 안겨주었다. "당시 사람들은 나를 존경의 눈으로 바라보았다. 정확한 타이밍에 투자하여 성공한 사람이 나밖에 없었기 때문이다. 한 동료가 다른 동료에게 '자네, 이거 꼭 사야 해!'라고 말했다. 상대가 '왜?'라고 물으니, '코스토가 이 주식을 가지고 있으니까!'라고 답하는 일이 벌어지기도 했다."[46]

코스톨라니는 세계 증시가 폭락했을 때에도 수익을 올린 몇 안 되는 주식 투자자 중 한 사람이었다. "내 친구들, 동창들, 내가 좋아했던 모든 사람이 주식 투자로 파산했다. (…) 하지만 레스토랑과 술집은 나에게 항상 열려 있었다. 내 서류가방은 늘 두둑했고 나는 교만하게 행동할 수 있었다. 하지만 마음은 늘 그곳에 있지 않았다. 침울했고, (…) 나는 철저히 혼자였다."[47]

세계 경제 공황 시기에 코스톨라니의 회의감은 더욱 심해졌다. 그는 성냥을 제조하는 스웨덴 대기업 크뤼게르트러스트Krueger trust의 주가가 하락할 때 투자했다. 크뤼게르트러스트의 사장 이바르 크뤼게르Ivar Krueger는 자신의 회사가 파산을 피할 수 없게 되자 1932년 3월 파리에 있는 자택에서 권총 자살을 했다. 크뤼게르앤드톨 ABKrueger&Toll AB의 주가는 폭락했다. 이때 코스톨라니는 헐값 매수 투기를 개시했고 큰돈을 벌었으나, '성냥왕' 이바르 크뤼게르가 자살했다는 소식을 접하고는 이렇게 번 투자 수익이 자꾸만 마음에 걸렸다. "나는 또 돈을 벌었다. 하지만 이번에는 한 사람의 목숨이 희생당했다. 나는 찝찝한 기분에서 벗어날 수 없었다. 이 일로 나는 심각한 충격을 받았다. 심리적으로 바닥 상태였고, 헐값 매수 투기에 진절머리가 나기 시작했다."

코스톨라니가 양심의 가책에 시달리면서 상황은 더 심각해졌다. "1932년 이바르 크뤼게르가 파산하면서 헐값 매수 투기는 윤리적으로 비난받아야 마땅한 전략이었다는 것이 명확해졌다. 그때 나는 누군가가 무언가를 잃어야 내가 돈을 번다는 사실을 깨달았다. 윤리적인 측면 따위는 생각조차 하지 않았던 나는 이 사건 이후로 완전히 딴사람이 되었다."[48] 하지만 개과천선의 시기가 너무 늦었던 탓일까.

1933년 프랑스 경제가 다시 회복되면서 코스톨라니는 전 재산을 잃고 파산했다. "우리 집 대문 앞에는 압류 딱지와 경매 통보서가 붙어 있었다. 4년간 호화로운 생활을 하던 나는 한순간에 파산했다."[49]

이 시기에 코스톨라니는 너무 괴로운 나머지 자살까지 생각했다고 솔직하게 고백했다. 하지만 그는 실패를 딛고 나아갈 출구를 찾았다. 그는 데피나이 후작Marquis D'Espinay의 사무실과 파리 증권거래소에서 오랫동안 중개인으로 일해 온 아드리앵 페르퀴엘Adrien Perquel 밑에서 다시 주식 중개인으로 일하게 되었다.[50] "나는 독립적인 투기 생활을 접고 중개 회사에 취직해 수당을 받았다. 그리고 얼마 지나지 않아 완전히 재기에 성공했다. 3년 후인 1936년에 내 소득은 15만 프랑이 넘었다. 이것을 달러로 환산하면 약 1만 2000달러였다. 당시보다 20배 높은 현재의 구매력으로 환산하면, 약 25만 달러 가치에 해당한다고 볼 수 있다."[51]

얼마 후 그는 다시 독립하여 개인 투기꾼 생활을 시작했다. 코스톨라니는 다시금 훌륭한 투자 실적을 올렸지만 새로운 위험이 도사리고 있었다. 1918년 나치 독일이 체코의 수데텐란트 지역을 오스트리아에 합병한 것이다. 전쟁이 터지기 직전이었다. 코스톨라니 역시 전쟁을 예감하고 있었다. "1939년 8월 23일 독일과 소련 양국 간에 불가침 조약이 체결된 이후 나는 언젠가는 전쟁이 터질 수밖에 없다고 확신했다."[52]

코스톨라니는 1939년 9월 약세 포지션에 있는 유가증권을 전부 정리해 미국 예탁 계좌로 옮겨놓았다. "1940년 독일이 프랑스의 수도 파리를 점령했을 때 나는 내 차를 타고 프랑스 남서부 비아리츠로 이동하고 있었다. 비아리츠에서 나는 스페인에 입국할 수 있는 해외 비자를 받았고, 이곳에서 배를 타고 미국으로 떠났다."[53]

코스톨라니의 말처럼 미국으로 도피하기 위해 거쳤던 중간 경유지에서 그는 편한 시간을 보냈다. 도피 여정 중 그는 옛 친구들이나 연인들의 집에서 숙박했고, 레스토랑과 노천카페에서 저녁 시간을 보냈으며, 심지어 프랑스 옆에 위치한 아름다운 해변 도시 산세바스티안에서는 투우 경기도 관람했다. 도피라기보다는 여행이라 말할 정도로 즐거운 시간을 보냈지만 그는 이 망명 과정을 꽤나 충분히 준비했다. 우선, 당시로서는 엄청나게 큰돈이었던 20만 달러를 미국 계좌로 송금했다. "그는 여행 가방에 현금을 담고 벨트에는 1000달러 상당의 금화를 숨겼다. 그리고 두툼한 프랑과 달러 지폐 더미를 지니고 다녔다. 이렇게 그는 비시, 비아리츠, 산세바스티안, 마드리드를 경유해 도피했다."[54]

그는 스페인의 비고 항구에서 '마르케스 드 코밀라스Marques de Comillas'라는 이름의 배를 타고, 쿠바의 수도인 아바나를 경유하여 뉴욕으로 떠났다. 두 달 동안의 항해 끝에 그는 관광 비자를 지니고 뉴욕에 도착했다.

투기꾼 앙드레 코스톨라니

앙드레 코스톨라니는 파리에 체류하는 동안과 그 이후에도 자신의 직업에 대해 물으면 "저는 투기꾼이자 주식 투자자입니다!"[55]라고 대답했다. 독일어에서 '투기꾼'은 부정적인 뉘앙스가 있는 말이지만, 그럼에도 코스톨라니는 항상 자신을 투기꾼이라고 생각했고 투기꾼이라고 소개했다.

"그에게 투기꾼이란 경제·정치·사회의 발전 추이를 정확하게 예측하고 이를 통해 이윤을 추구하는 지식인이자, 깊게 생각하고 행동하는 주식 투자자라는 의미였기 때문이다."[56]

한번은 독일 공영방송 ARD의 이브닝 쇼 「나는 무엇을 하는 사람일까요?」라는 직업 맞히기 퀴즈 프로그램에서 코스톨라니에 대해 묘사한 적이 있었는데 그 내용이 매우 흥미롭다.

"자욱한 담배 연기 속에서 그는 편안한 흔들의자에 앉아 세상과 소음을 멀리한 채 무언가를 생각한다. 투자 도구는 전화, 텔레비전, 신문이 전부였다. 이것들은 항상 가까이에 있었고 매우 소박했다. 물론 그에게는 자신만의 비법도 있었다. 그는 행간을 이해할 줄 아는 사람이었다."[57]

결과적으로 '나는 무엇을 하는 사람일까요?'라는 질문의 답은 '투기꾼'이었다. 말하자면 당시 독일에서 코스톨라니는 그야말로 투기꾼의 대명사였던 것이다. 따라서 투기꾼이자 작가였던 코스톨라니가 '투기꾼'이라는 주제에 관해 많은 명언을 남겼다는 건 그리 놀랄 일이 아니다. 그중 몇 가지를 소개하겠다.

"투기꾼은 멋진 직업이다. 하루아침에 엄청난 부자가 될 수도 있지만, 반대로 하루아침에 파산할 수도 있다."[58]

"성공한 투기꾼은 100번의 투기 중 51번은 돈을 벌고 49번은 돈을 잃는 사람이다. 투기꾼은 이런 차이로 살아간다."[59]

"사람들의 눈에 투기꾼은 일하지 않고 돈을 버는 것처럼 보인다. 그래서 많은 사람이 투기꾼이라는 직업을 부러워한다. 아마 이런 이유로 투기꾼이 사람들에게 호평을 받지 못하는 걸 테지만, 나는 그런 평가에 신경 쓰지 않는다."[60]

"나는 그 누구에게도 투기꾼이 되라고 조언하지 않을 것이다. 하지만 투기꾼이 되지 말라고 조언하는 것도 무익하다."[61]

"나는 투기꾼이라는 사실을 단 한 번도 숨긴 적이 없다. 나는 내가 투기꾼이라는 것에 자부심을 느낀다."[62]

만약 당신의 아이큐가 130이라면

30 정도는 당장 내다팔아도 주식을 하는 데 아무런 문제가 없다.

주식 투자는 지능과는 아무런 상관이 없다는 것이다.

미국 망명 시절, 전후 독일에 모든 것을 걸다

1940~1948

코스톨라니의 전기 작가 한스외르크 퀴네Hans-Jörg Kühne는 박해와 전쟁을 피해 망명길에 올랐던 많은 사람과 달리 코스톨라니의 망명은 "편안한 여행에 가까웠다"[63]라는 점을 강조했다. 코스톨라니는 차를 타고 도피하는 과정에서 계속 뇌물을 바쳐야 했지만, 운전에는 익숙하지 않았기 때문에 주로 친구들이나 기사가 운전하는 차를 타고 다녔다.

인맥이 널리 뻗쳐 있었던 덕분에 코스톨라니는 뉴욕의 첼시 부두에 도착했을 때 펠릭스 폰 게를리츠키 남작Baron Felix von Gerlitzky의 영접을 받았다. 펠릭스 폰 게를리츠키 남작은 코스톨라니와 친분이 있는 빌레로이 후작Marquis de Villeroy에게 코스톨라니를 안내했다. 빌레로이 후작은 독일 메트라흐에 있는 도자기 제조업체 빌레로이앤드보흐Villeroy&Boch 설립자의 삼촌이었다.[64] "빌레로이 가족은 시기에 딱 맞게 미국으로 이주했고 뉴욕의 피에르호텔에 살고 있었다. 나는 늦은 시기에 뉴욕에 왔지만, 지인들의 보호 덕분에 피에르호텔에서 한 달에 100달러를 내고 묵을 수 있었다."[65]

뉴욕 센트럴파크 인근에 있는 더 피에르호텔은 지금도 뉴욕에서 가장 숙박비가 비싼 고급 호텔로 손꼽힌다(2019년 기준 이곳의 하루 숙박비는 300달러다). 그러나 코스톨라니는 많은 재산을 챙겨왔기 때문에 미국에 도착한 후에도 풍족하게 살 수 있었다. 그는 이 거대한 나라를 여행하면서 인생을 즐겼다. "나는 대서양에서 태평양까지, 북부에서 남부 끝까지 여행을 다녔다. 월스트리트를 포함하여 전 세계 주식 시장에서 일어나는 모든 일을 보고 듣고 살피고, 매일 저녁 이렇게 모은 지식과 경험과 정보를 정리하는 것이 내가 유일하게 유지하는 일이자 취미였다."[66]

하지만 미국 전역을 실컷 여행하고 돌아오자 그는 금세 따분함을 느꼈다. "나는 매일 책을 읽고, 음악을 듣고, 극장에 가는 것만으로는 만족할 수 없었다. 그래서 일자리를 찾기로 했다. 물론 예금해 놓은 돈의 이자만으로도 충분히 먹고 살 수 있었기 때문에 월급은 필요 없었다."[67]

코스톨라니는 여러 주식 중개 회사에 지원했지만 모두 거절당했다. 그러던 중 유명한 주식 중개 회사인 골드먼삭스Goldman, Sachs&Co.에서 면접 시험을 치렀다. "매력적인 노신사 월터 삭스Walter Sachs가 나를 아주 친절하게 맞이해 주었다. 그는 곧바로 나를 인사 담당자에게 소개했다. 그 자리에서 나는 두 사람에게 나에 대한 이야기를 들려주었다. 나는 히틀러를 피해 유럽에서 미국으로 왔으며, 젊은 청년치고는 상당히 돈이 많다고 말했다. 나는 물질적인 지원은 필요 없지만, 골드먼삭스와 같은 훌륭한 회사에서 국제 금융 시장과 연관된 일을 하고 싶다고 말했다."[68]

하지만 며칠 후 코스톨라니는 불합격 통보를 받았다. 골드먼삭스는 자신들은 돈이 많은 젊은 청년이 아니라 가난하지만 야심 찬 직원에 더 관심이 있다며, 코스톨라니에게 불합격 사유를 밝혔다. 코스톨라니는 "내가 가난하고 의지할 데 없는 난민이었더라면 골드먼삭스에서 나를 받아주었을지도 모른다"[69]라며 자신의 실패담을 털어놓았다.

물론 코스톨라니는 여기에서 포기하지 않았다. 1941년 헝가리 출신의 몇몇 친구와 함께 조지프발레이앤드컴퍼니Josef Ballay&Co.라는 외상매출채권 팩터링factoring(금융기관들이 기업으로부터 매수한 상업어음·외상매출증서 등을 바탕으로 자금을 빌려주는 제도-옮긴이) 전문 회사를 설립했다. "일은 다른 친구들이 했고, 나는 사실상 자금 제공자나 다름없었다. 결국 나는 그 사무실에서 나와 개인 용무를 보았다. 나는 그 회사에서 계속 일하고 싶지 않았다."[70]

당연히 코스톨라니는 다시 투자, 조금 더 정확하게 표현하자면 '투기'를 시작했다. 주로 주식만 거래했던 파리증권거래소 시절과 달리, 이번에는 상품 선물 거래를 주로 했다.

“나는 (…) 많은 돈을 가지고 미국으로 왔다. 유가증권은 매수하고 싶지 않았다. 화약 냄새가 났기 때문이다(무언가 좋지 않은 일이 터질 것 같았다-옮긴이). 상품에 투자하는 것이 더 현명하다고 생각했다.”[71]

그래서 그는 선물 가격보다 현물 가격spot price(현물 시장에서 거래된 상품의 현행 인도 가격으로 현금 지급 가격이라고도 한다-옮긴이)이 더 높은 양모에 투자했다. 이 거래는 비교적 안전한 사업이었다. “나는 4개월물 상품을 95달러에 매수했고, 만기가 되어 내가 양모를 125달러에 매도할 수 있을 때까지 기다렸다. 이 환상적인 사업으로 나는 2년 동안 정말 굉장한 삶을 살았다.”[72]

한편 코스톨라니는 전쟁 중에 운용했던 또 다른 상품 선물거래로는 전혀 재미를 보지 못했다. 그는 미국이 세계대전에 참전하면서 고무, 실크, 후추, 주석 등 이른바 군수물자들의 시세가 오를 수밖에 없다고 생각하고 이를 매수했다. 하지만 이 투기는 실패로 끝났다. 그가 투기했던 상품들은 군용으로 몰수되거나(고무), 다른 제품으로 대체되거나(실크는 새로 개발된 나일론으로 대체), 강제 공정 시세가 발표되어 거래가 중단됐다(후추와 주석). 나중에 코스톨라니가 기록했듯이 그는 제2차 세계대전으로 큰 손실을 입었다.[73]

코스톨라니는 미국 망명 시절에 상품 선물 거래 이외에 채권 투기도 했다. 그는 리스크를 감수하고 독일 국방군에 점령당한 국가들의 채권을 매수했다. "제2차 세계대전 말에 투기꾼으로서 나는 가치가 없어진 각종 국채와 지방채에 달려들었다. 시장의 혼란이 진정되면 모든 것이 다시 정상화될 것이라고 확신했다. (…) 나는 이런 채권들을 몇 킬로그램씩 헐값으로 매수했다."[74] 상품 선물로 큰 손실을 입었던 코스톨라니의 이번 투기는 대성공이었다. "이번에는 내가 사들인 채권에 대해 전액을 지급받을 수 있었다. 공산주의 국가들의 채권도 합당한 금액으로 지급받을 수 있도록 조정되었다."[75]

1941년 12월 8일 일본이 진주만을 공격하자 제일 먼저 미국이, 며칠 후 독일 제국이 전쟁을 선포했다. 이때 코스톨라니는 아직 미국 시민권자가 아니었지만 징병 검사를 받으러 갔다. "미국이 세계대전에 참전했을 때 젊은 남자들은 군대로 징집되었다. 나는 징병 검사를 받으러 갔고 군 복무를 할 각오가 되어 있었다. 물론 징병 검사 도중에 나의 미국 시민권이 박탈될 수도 있었다."[76]

코스톨라니는 자원입대를 신청했으나 나이가 많다는 이유로 거부되었다. 당시 그의 나이는 36살이었다. 이 시기에 코스톨라니는 나중에 아내가 되는 한지Hansi를 알게 되었다. "많은 남자들이 징집되어 전선에 나가 싸웠다. (…) 나는 그 덕을 보았다. 내 첫 번째 아내인 빈 출신의 여자를 알게 되었기 때문이다. 그녀는 미국인 남자와 결혼한 적이 있어서 이미 미국 시민권을 갖고 있었다."[77]

코스톨라니는 한지를 포함한 수천 명의 미국인과 함께 뉴욕의 타임스퀘어 광장에서 유럽의 전쟁이 끝난 것을 축하했다. 오랫동안 소망해 왔던 잔혹한 전쟁이 끝났다는 기쁨은 말로 표현할 수 없었다. 그토록 돌아가기를 원했던, 자신이 사랑했던 파리로 돌아갈 수 있게 된 것이다. 1946년 여름 전쟁이 끝나고 약 1년 후, 코스톨라니는 아내와 함께 잠시 유럽을 방문했다. 코스톨라니가 파리로 완전히 이주하기까지는 2년의 시간이 걸렸다.

노련한 투기꾼이었던 코스톨라니는 전쟁이 끝난 후 투자자들에게 큰 기회가 찾아올 것이라는 사실을 잘 알고 있었다. 물론 그는 이 기회를 놓치지 않았다. "전쟁 후의 시기처럼 재산을 투기하기에 좋은 기회는 역사에서 흔히 주어지지 않는다. 이제 '독일 카드'를 이용할 때가 되었다."[78]

그는 이미 전쟁 중에 독일 국방군에 점령당했던 국가들의 채권을 매수한 상태였고, 전쟁이 끝난 후에는 특히 독일의 해외 채권을 대량으로 매수했다. "내 돈은 전부 이런 투기에 들어갔다. 이를 위해 나는 (미국이나 독일의 은행에서는 이런 채권에 투기하는 자금으로 대출을 승인해 주지 않기 때문에) 스위스 은행에서 대출 가능한 자금을 전부 끌어모아야 했다."[79]

코스톨라니는 '절대 빚을 내서 투자하면 안 된다'는 자신의 철칙을 깰 정도로 이 투자에 자신이 있었다. "나는 독일 국채에 대해서는 콘라트 아데나워Konrad Adenauer 총리가 없어도 채권에 명시된 금액대로 돌려받을 수 있다는 사실을 확신했다. 그만큼 독일은 성장 가능성이 무궁무진한 국가였다. 그렇지만 내 예금을 담보로 받은 빚, 이 위험한 빚은 내게 끊임없는 불안감을 일으켰다."[80] 그러나 다행히 모든 상황은 예상대로 돌아갔다. 독일의 해외 채권이 상승세를 보이면서 드디어 코스톨라니는 엄청난 수익을 올리게 되었다.[81]

보헤미안, 탕아 그리고 주식계의 스승

앙드레 코스톨라니가 했던 수많은 강연을 단 한 번이라도 접해 본 사람이라면 나비넥타이를 한 존경스러운 노신사가 헝가리 사람 특유의 매력과 억양으로 유머러스하게 설명하는 다양한 (주식의) 역사 이야기에 흠뻑 빠졌을 것이 분명하다. 다음은 코스톨라니에 대한 스스로의 평가와 타인들의 평가를 드러내는 구절들이다.

"헝가리 사람들은 보헤미안 민족이다. 헝가리 사람들은 잘 먹고 잘 마시며, 아름다운 인생을 즐길 줄 안다. 코스톨라니는 그중 단연 으뜸이었다."[82]

"많은 투기꾼이 주식에만 푹 빠져 있어서 다른 어떤 것에도 의미를 두지 못한다. 너무 많은 것을 놓치고 있는 이들이 안타까울 따름이다. 음식, 좋은 와인, 아름다운 여인, 음악을 즐기지 못하는 인생은 얼마나 지루한가!"[83]

"앙드레 코스톨라니는 인생을 마음껏 즐겼다. (…) 클래식 음악을 듣고, 좋은 시가를 피우고, 주식에 대해 생각하는 것은 그에게 가장 큰 즐거움이었다. 나중에는 건강 때문에 어쩔 수 없이 시가를 끊어야 했지만 말이다."[84]

"패션만큼은 자신이 있었다. 얼마 전 한 인터뷰에서 내가 가장 투자를 잘한 분야 중 하나가 옷장이라고 답변했다."[85]

"나는 위대한 '커피하우스 아마추어'라고 알려져 있다. 커피하우스는 주식 거래인들의 비공식적인 만남의 장소로 이상적인 장소이기 때문에 이것은 놀랄 일이 아니다."[86]

"나를 '주식의 신'이라고 부를 때가 종종 있다. 이는 내가 받아들이고 싶지도 않고, 요구한 적도 없는 호칭이다."[87]

코스톨라니가 우리 곁을 떠난 지 30년이 넘었다. 하지만 그는 자신의 책 속에서, 그리고 인터넷에서 여전히 살아 있다. 1997년 코스톨라니가 찍었던 짤막한 아우디 광고 영상을 통해 짓궂고 냉소적인 그의 모습을 지금도 볼 수 있다.

이미 설명했듯이 나는 제2차 세계대전 후

유럽이 계속 발전할 것이라는 낙관적 전망을 확신했다.[88]

유럽으로의 귀환

1948

1948년 코스톨라니는 파리로 돌아왔다. 그리고 파리증권거래소의 중개인이자 자문가로 활동했다.[89] 특히 그는 '투기꾼'으로도 계속 일을 했다. 노련한 투자자답게 그는 금세 새로운 활동 영역을 발견했다. 1948년 독일은 통화 개혁을 단행했다. 전후 외국인들의 무분별한 독일 투자로 인해 자국의 자산 가치를 지키기 위한 노력이었다. 독일 경제 당국은 외국인들의 계좌에 있는 독일의 통화 예금액을 기존 독일 통화인 도이치마르크Deutsche Mark가 아니라, 이른바 '봉

쇄 마르크'라고 불린 슈페어마르크Sperrmark로 일괄 기재했다. "독일인이 아닌 사람들은 이제 독일의 유가증권과 부동산에 투자하기 위해선 반드시 슈페어마르크를 사용해야만 했다."[90]

코스톨라니는 이 조치가 결정되기 전에 일찌감치 슈페어마르크를 사들였다. "나는 몇 명의 친구와 함께 다량의 슈페어마르크를 12.5센트에 사들였다. (…) 8개월 후 슈페어마르크의 가격은 25센트로 올랐다. 이는 슈페어마르크가 자유롭게 거래할 수 있는 마르크의 시세만큼 올랐다는 뜻이었다."[91] 이렇게 코스톨라니는 외환 투기로도 엄청난 수익을 올렸다. "슈페어마르크 투기는 그가 충분히 고민하고 계획한 외환 투자였다. (…) 독일의 미래는 밝았고, 이윤 폭도 매우 컸기 때문이었다."[92] 독일의 새 통화를 보호하기 위한 외환 관리 체계는 10년 뒤인 1958년에 폐지되었다.

전후를 가장 '이상적인' 시기로 삼았던 코스톨라니의 기상천외한 투기는 이탈리아까지 발을 넓혔다. 이탈리아는 전쟁의 피해를 거의 입지 않은 나라였다. 전후 이탈리아는 외환이 부족해 원자재를 구입할 수 없어 공장들이 가동을 중단한 상태였다. 이에 이탈리아의 섬유 회사들은 미국 기업들과 임금 노동 협약을 체결하고, 미국에서 필요한 원자재를 공급받으면서 새로운 전성기를 맞이했다. 코스톨라니는 스위스의 일간지 《노이에취르허차이퉁Neue Zürcher Zeitung》에서 캘리포니아의 자동차 제조업체 카이저프레이저Kaiser-Frazer가 피아트Fiat와 이와 유사한 파트너십을 맺었다는 기사를 읽었을 때, 여기에서 또 새로운 기회를 발견했다.

그길로 그는 당장 밀라노로 떠났고, 재개장된 밀라노증권거래소에 가서 중개인에게 이탈리아에서 가장 최악의 자동차 주식이 무엇인지를 물었다. 황당한 질문에 깜짝 놀란 중개인은 이소타프라스키니Isotta-Fraschini(이하 'IF')라고 답해주었다. 그러면서 이 회사가 전쟁 전에는 럭셔리 리무진을 생산했는데, 현재는 파산 직전이라는 사실까지 알려주었다. 코스톨라니는 IF 주식 한 꾸러미를 주문했고 이후 추가 매수도 했다.

얼마 뒤 IF가 턴어라운드에 성공하자 주가는 순식간에 폭등했다. 이번에도 코스톨라니는 막대한 수익을 올렸다. "나는 150리라에 매수한 주식이 1900리라까지 올랐다가 1500리라쯤 되었을 때 처분했다. 물론 이런 기적은 충분히 가능한 일이었다. (…) 이탈리아는 자동차 산업으로 명성이 높았고 이 명성을 계속 유지하고 싶어 했다. 곳곳에서 해외 자본가와 산업가 무리가 나타나 침체되어 있던 이탈리아 산업을 시찰하고 회복시킬 계획을 확장해 나갔다. 그중 한 그룹에서 IF를 개혁하고 다시 살리기 위해 IF를 인수했다."[93]

세계를 떠돈 코즈모폴리탄, 코스톨라니

"나는 부다페스트대학교에서 철학과 미술사를 전공했다. (…) 이후 뉴욕, 런던, 취리히의 정글 같은 금융계에서 공부했다. 현재 나는 10개의 도시를 내 집 드나들 듯 살고 있다. 나는 4개 국어를 한다. 헝가리어는 사랑하는 하나님과, 프랑스어는 친구들과, 영어는 금융인들과, 독일어는 내 제자들 그리고 나와 결혼했던 네 여인들과 대화할 때 사용한다. 내 인생은 이처럼 다채로운 언어의 빛깔로 가득하다."[94]

이 인용구에서 명확하게 드러나듯이 코스톨라니는 평생 전 세계를 떠돌아다닌 세계주의자, 코즈모폴리탄였다.

어린 시절 그의 부모님은 여름이 되면 자녀들을 데리고 체코의 온천 도시 마리안스케라즈네로 휴가를 떠났고, 겨울에는 온 가족이 빈 근처의 휴양 도시 제머링에 머물렀다. 코스톨라니는 대학 입학 시험에 합격하고 난 뒤 파리로 떠나기 전에 홀가분한 기분으로 독일을 여행하기도 했다. 이 시기에 그는 종종 며칠 또는 몇 주 동안 스위스의 생 모리츠로 떠나 혼자만의 시간을 보냈다.

나치를 피해 망명하기 전 그는 프랑스의 절반을 여행하고, 스페인을 경유해 미국으로 갔다. 전쟁이 일어났을 때에는 뉴욕에서 지내다가, 전쟁이 끝난 후에는 후유증으로 어려움을 겪고 있던 다른 유럽의 여러 나라를 방문했다.

1950년대 초반 코스톨라니는 두 달 동안 남아메리카로 꽤 오래 여행을 떠났는데, 그곳에서 전쟁 중 남아메리카로 흘러들어온 고향 사람들을 많이 만났다.[95] 이는 그의 인생에 큰 영향을 미친 사건이었다. 또한 《파리프레스Paris Presse》라는 석간신문에서 저널리스트로 활동할 때에도 세계 곳곳을 여행했다. 특히 그는 1960년 아이젠하워 미국 대통령의 인도 순방에도 동행했다.

전쟁 후에도 코스톨라니는 자신의 주요 거주지이자 그가 사랑했던 프랑스의 파리와 체코의 부다페스트와 독일의 뮌헨 등 여러 도시에 집을 두고 살았다. 이후 프랑스의 리비에라에도 집을 한 채 더 장만했다.[96]

그가 주식 투자와 인생 전반에서 보여준 자유로운 사고방식의 근간에는 이러한 방랑가적인 모험심이 자리하고 있었다. 그는 헝가리에서 태어났지만 그 누구도 그를 헝가리의 전문 투자가라고 평가하지는 않는다. 그는 평생에 걸쳐 다양한 모습으로 정체성을 바꿔가며 세계를 떠돌았다.

저널리스트라는 직업은 내가 은밀하게 꿈꿔온 직업이다.

투자가로 대성공을 거둔 뒤

나는 남몰래 꿈꿔왔던 그 일들을 할 수 있게 되었다.[97]

이 책들이 나를 살렸다

1957~1995

코스톨라니는 파리증권거래소에서 견습생으로 일하는 동안 이따금 신문과 잡지에 시의적절한 주제에 관해 기사를 쓰곤 했다. 1939년 그는 첫 책 『수에즈: 어느 기업에 관한 이야기Suez: le Roman d'une Entreprise』를 프랑스어로 출간했다. 이 책에서 그는 수에즈운하의 자금을 조달하기 위해 설립된 주식회사를 비판했다. 미국 체류 시절에도 코스톨라니는 다우존스Dow Jones에서 발행하는 금융 전문지 《배런스Barron's》에 글을 썼다.

그가 저널리스트로서 쓴 첫 번째 책은 1957년 발표한 『달러의 평화La paix du dollar』다. 이 책에서 코스톨라니는 재정 지원으로 이스라엘뿐만 아니라 아랍의 평화를 보장한 당시 미국의 중동 정책을 주제로 다루었는데, 전 프랑스 총리의 서문이 실리면서 대성공을 거두었다.[98]

이 책이 발표된 후 프랑스의 석간신문 《파리프레스》에서 코스톨라니에게 관심을 보이며 책의 내용을 기사화해도 되는지를 문의해 왔다. 이 일을 계기로 코스톨라니는 이후 몇 년 동안 《파리프레스》에 다양한 논평을 썼다. 이 신문의 리포터 신분으로 아이젠하워 미국 대통령의 인도 순방에 동행하기도 했다. "1960년 우리가 아이젠하워 대통령과 동행했던 동방 지역 순방 이후 나는 뉴델리에서 독감에 걸려 앓아누웠다."[99]

그는 프랑스와 미국의 우호적인 관계에 기여한 저널리스트로 인정받아 프랑스 샤를 드골Cahrles de Gaulle 대통령으로부터 레지옹 도뇌르 훈장Légion d'honneur(프랑스의 훈장 중 최고 훈장으로, 내외국인을 막론하고 프랑스의 정치·경제·사회·문화 등

각계 전반에 걸쳐 공로가 인정되는 인물에게 수여한다-옮긴이)을 받았다.[100]

하지만 이후 코스톨라니의 건강에 이상이 왔다. "나는《파리프레스》에서 저널리스트 생활을 그만두고 은퇴했다. 사실 나는 이미 은퇴할 나이였다. 하지만 이것이 나에게는 전혀 좋은 일이 아니었다. 매우 따분했다. 독서와 음악 감상으로는 지루함을 달랠 수 없었다. 나는 우울해졌다."[101] 이 때문에 코스톨라니는 취리히의 유명한 심리학 교수 레오폴트 손디Leopold Szondi에게 상담을 받았는데, 손디는 그에게 그가 가장 좋아하는 일인 음악과 주식에 대한 글을 써볼 것을 권했다. "그래서 나는 주식 전문가의 영역에서 벗어나 (이것은 에너지 소모를 필요로 하지 않았다) 금융 저술가가 되었다. 음악에 대해서도 틈틈이 글을 쓰시 시작했다. 나는 음악에 대한 충분한 교육을 받은 적은 없었지만 대단한 음악 마니아였기 때문이다."[102]

얼마 후 코스톨라니는 금융을 주제로 한 첫 책을 집필했다. 이 집필 작업은 거의 치료 차원에서 한 일이라고 봐도 무방했다. 이 책은 『주식 시장을 이야기할 때Si la Bourse m'était contée』라는 프랑스어 제목으로 처음 발표됐고, 상당히 흥행했다. "(금융을 주제로 한) 내 첫 책은 프랑스어로 쓰였고 7개 언어로 번역되었으며, 1960년 독일의 출판업자 헨리 고버츠Henry Goverts가 『이것이 주식 시장이다Das ist die Börse』라는 제목으로 출간했다. 얼마 후 나는 《캐피털》에서 칼럼니스트로 다시 일을 시작했다. 그 후로 내 우울증은 말끔히 사라졌다."[103]

코스톨라니는 이 책이 특히 독일에서 크게 성공했다고 생각했다. 지금까지 독일에는 이런 주제에 관한 책이 없었기 때문이다. 코스톨라니는 "독일인들은 아직도 주식 투자를 하지 않는 민족이다"[104]라고 말했다. 이후 몇 년 동안 코스톨라니는 일정한 주기는 아니었지만, 투기꾼이자 투자 전문가로서 자신의 경험담에 관한 책을 써냈다. 총 13권의 금융 서적을 집필했는데 이 책들은 독일의 여러 출판사에서 출간되었고 전 세계적으로 300만 부나 팔렸다.

1965년 3월부터 코스톨라니는 《캐피털》에 월간 칼럼을 발표하기 시작했다. 당시 그는 이 잡지에서 인기가 많았지만 1970년대에 파산한 IOSInvestors Overseas Servises Limited와 같은 사기 펀드를 맹비난했고, 1980년대에는 골드로비Goldlobby(1980년대의 금값 급락 사태-옮긴이)를 비판했으며, 소액 및 거액 저축자를 이런 사기 펀드의 모방 모델과 헤지펀드로 속이는 사기꾼들에게 서슴없이 경고를 하기도 했다. 이후 몇 년 동안 그는 독일 첨단 기술주 시장의 동향에 관해 논쟁을 했고, 투자자들에게 원금보장형 펀드를 판매하는 은행들을 비판했다.[105]

1995년, 가장 크게 성공한 분야가 무엇이냐는 질문에 코스톨라니는 다음과 같이 답했다. "저널리스트로서의 내 경력이다. 나는 30년 전부터 《캐피털》의 칼럼니스트로 일하고 있다. 나는 저널리스트로 가장 성공했다고 생각한다. (…) 물론 삼류 작가뿐만 아니라 강연자로서의 성공도 여기에 포함된다. (…) 그다음을 꼽으라면 7개 언어 이상으로 번역되고 300만 부 이상이 팔린 내 책들이다."[106] 그리고 그는 이렇게 덧붙였다. "내 책들이 나를 살렸다. 이 책들이 다음 세대에게도 유익할 수 있다면 나는 정말 기쁠 것이다."[107]

걸어다니는 역사 사전

"나에게는 전통 있는 귀족 가문 출신의 지식인과 소규모 암거래상과 리비아의 크로소스왕처럼 엄청난 부를 지닌 부자와 교회의 쥐처럼 가난한 서민 등 온갖 부류의 친구들이 있다."[108]

앙드레 코스톨라니는 다수의 저서와 칼럼을 통해 투기꾼으로서 자신의 경험담, 증권거래소에서 강행군하던 시절, 1920년대부터 1930년대까지의 세계 주식 시장 대붕괴에 대한 수많은 이야기를 풀어놓았다.

또한 1970년대부터 1990년대까지 벌어진 펀드매니저들의 사기 행각을 맹비난했으며 낡아빠진 금본위제도, 독일 연방은행 Deutsche Bundesbank의 보수적인 금융 정책, 거품 낀 첨단 기술주 시장을 비판했다.

그의 책들에는 주식을 주제로 하는 재미있는 이야기가 가득하다. 코스톨라니는 자신의 저서에서 항상 헝가리 유대인 전통에서 유래한 일화들을 소개한다. 특히 카토(스토아 철학자-옮긴이), 키케로, 괴테, 쇼펜하우어, 빌헬름 부시(독일의 시인-옮긴이), 에밀 졸라 등 위대한 연사와 작가의 문장을 자주 인용했다.

코스톨라니는 스토리텔링이 저널리즘 기법으로 인정받기 전부터 스토리텔링을 활용했던 뛰어난 이야기꾼이다. 하지만 말년에 새로운 주제들이 점점 부족해지자, 전에 다루었던 스토리를 반복하곤 했다. 앙드레 코스톨라니의 작품에 대한 첫인상을 느껴보고 싶다면 『위대한 코스톨라니Der große Kostolany』라는 제목으로 발표된 전집을 살펴보는 것이 좋다.

성공한 투기꾼은 100번의 투기 중

51번은 돈을 벌고 49번은 돈을 잃는 사람이다.

투자는 과학이 아니라 예술이다

1969~1999

"코스톨라니는 라디오와 텔레비전 스튜디오에 게스트로 자주 출연했다. 그는 워낙 강연을 많이 했기 때문에 자신을 '주식계의 순회 설교자'라고 소개했다. 연령을 불문하고 사람들은 생생한 격언과 재치 있는 표현이 가득한 그의 강연에 매료되었다. 특히 그는 대학에서만큼은 기꺼이 무료 강연을 했다."[109]

1960년대 말 코스톨라니는 독일 뮌헨에서 열린 바이에른

저당은행Bayerische Hypothekenbank의 행사에 참석했다. 행사의 주제는 '새로운 해외 투자법'이었다. 저서와 월간지《캐피털》 칼럼에서 이미 해외 헤지펀드와 버니 콘펠드Bernie Cornfeld의 IOS 펀드를 맹비난했던 코스톨라니는 이 행사의 강연에서도 문제의 심각성을 다시 한 번 언급했다. 행사가 끝났을 때 한 참석자가 그에게 다가왔다. "행사가 끝난 후 고트프리트 헬러가 나에게 말을 걸더니 '코스톨라니 주식 세미나'를 개최해 보는 것이 어떻겠느냐고 제안했다. 나는 이 제안이 마음에 들었고, 우리는 바로 실행에 옮겼다."[110]

1971년 코스톨라니는 먼저 고트프리트 헬러가 설립한 피두카 자산관리회사의 동업자가 되었다. 이후 1974년에는 피두카가 주최한 코스톨라니의 제1회 주식 세미나가 종일 열렸다. 이 세미나는 코스톨라니가 세상을 떠난 후에도 피두카의 주최로 계속 이어지고 있다. "독일에는 주식의 대중성을 위해 나만큼 노력하는 사람이 없다."[111]

세미나에 재미를 느낀 코스톨라니는 수많은 행사에서 주식과 금융 관련 주제로 강연을 했다. 그는 기업과 대학 강연, 다수의 TV 프로그램 등에서 이 분야에 관심이 있는 청중에게 자신의 풍부한 경험담을 들려주었다. 30년이 지난 지금도 우리에게는 코스톨라니가 뮌스터의 베스트펠리셰 빌헬름스대학교에서 했던 흥미진진한 세미나가 생생하게 남아 있다. 그의 강연은 오랫동안 이어져 내려온 주식의 역사뿐만 아니라 다양한 일화로 꽉 채워져 있었고, 청중이 주식 투기에 한번 도전하고 싶어지도록 관심을 일깨웠다.

코스톨라니는 고령까지 활동했고 금융 서적을 집필했으며 강연 여행을 다녔다. "(1만 5000명이 참여한) 약 100회의 세미나와 대학, 은행(뱅크오브아메리카, 도이체방크, 지역 저축은행 등)을 비롯해 IBM, 듀폰DuPont, 닉스도르프Nixdorf, 악셀 슈프링거Axel Springer 등 대기업에서부터 개 사료 공장에 이르기까지 수많은 기업에서 열린 강연에서 수천 명의 참석자에게 질문을 받았다."[112]

1995년에 발표된 저서 『코스톨라니의 미래 결산Kostolanys Bilanz der Zukunft』에서 그는 자신이 투기에서 은퇴하고 추가 매수만 하고 있다고 밝혔다. "지금도 나는 투자자이고 유가증권을 보유하고 있으며 매수를 한다. 그렇지만 예전에 내가 투기꾼으로 활동할 때는 중장기적인 움직임에 동참하고, 약세장일 때는 관찰만 해왔다. 투기꾼은 싸게 사들여서 비싸게 팔기 위해 애쓰기 때문이다."[113]

같은 책에서 그는 때때로 자신의 죽음에 대한 생각을 다음과 같이 유머러스하게 묘사하기도 했다. "오늘 나는 전능하신 그분이 세상을 살펴보다가 주식 시장에 눈을 돌렸을 때 나를 발견하게 될까 봐 두렵다. 그분은 '뭐지? 저 늙은 코스톨라니가 왜 여태 여기에 있는 거야?'라고 생각할 것이다. 하지만 나는 이번에도 그를 잘 이용해 투자 시장에서 살아남을 것이다."[114]

1999년 9월 14일, 앙드레 코스톨라니는 폐렴에 걸려 93살의 나이로 세상을 떠났다. 그는 20세기 프랑스 최고의 가수 에디트 피아프Édith Piaf, 작곡가 프레데리크 쇼팽Frédéric Chopin, 소설가 오스카 와일드Oscar Wilde, 미국의 싱어송라이터 짐 모리슨Jim Morrison의 마지막 안식처가 된 페르라셰즈 공동묘지에 묻혔다. 그의 장례식에는 20명의 조문객만 참

석했고, 그의 친구이자 사업 파트너인 고트프리트 헬러가 추도사를 했다.[115]

이로써 《캐피털》 2000년 1월 호에 칼럼을 쓰겠다는 위대한 투기꾼의 마지막 소망은 끝내 이루어지지 못했다.

코스톨라니와 종교

코스톨라니는 자신의 저서에서 '신앙심이 있느냐'는 질문에 이렇게 답했다.

"그렇다. 나는 하나님을 믿는다. (…) 나는 몇 번이나 파산했다. 그때마다 하나님은 나를 다시 일으켜주셨다. 진정한 주식 투자자는 몇 번을 넘어져도 다시 일어나는 오뚝이 같은 사람이기 때문이다."[116]

실제로 코스톨라니는 어렸을 때 가톨릭 세례를 받았다. 유대인 가정 출신이었던 부모님은 그가 태어나기 훨씬 전에 가톨릭으로 개종했다. 코스톨라니 자신은 원래 유대교와 관련이 없지만 자신이 유대인 혈통이라는 것을 부인하지 않았고, 이스라엘에 대해 강한 유대감을 느낀다고 밝힌 적도 있다.

"독일이 헝가리를 점령하고 독일에 인종차별법이 도입된 후 나는 스스로를 유대인으로 여겼다."[117]

코즈모폴리탄이었던 그는 종교에 있어서도 편협함과는 거리가 먼 태도를 취했다. 신 앞에서 늘 겸손했고, 그러면서도 하나의 종교만을 맹신하지 않았다.

2부
앙드레 코스톨라니의 투자 철학

가격은 가치를 이길 수 없다

나는 채권으로 가장 크게 성공했다.[118]

코스톨라니의
70년 투자 성적표

1929~1999

투기꾼 코스톨라니는 전 세계 주식 시장에서 활동한 70년 동안 수차례 큰돈을 벌었다. 그는 막대한 수익을 거둔 만큼 큰 손실도 감수해야 했다. "내가 아무 이유 없이 '주식으로 두 번 파산해 보지 않은 사람은 진정한 투기꾼이 아니다'라고 말하고 다니는 것이 아니다."[119] 코스톨라니는 자신의 투자 실적에 대해서는 단 한 번도 정확히 밝힌 적이 없다. 그러므로 우리는 그의 실적이 대략 어느 정도인지 짐작하기 위해 그가 가장 크게 성공했던 투자와 가장 크게 실패했던 투자를 다시 한번 간략하게 정리해 보고자 한다. 이와 더불어 엄청난 규모의 주식과 채권 투자에 대해서도 살펴보자.

세계 경제 공황에도 주식으로 돈을 번 헐값 매수 투자의 달인

주식 투자 경력 초창기부터 코스톨라니는 엄청난 성공을 거두었다. 1920년대 말 그는 세계 경제 대공황으로 주가가 하락할 때 '헐값 매수'를 했다. 그때 오스트릭 그룹뿐만 아니라 드빌더와 크뤼게르의 파산으로 큰돈을 벌었다. 코스톨라니는 구체적으로 얼마나 많은 수익을 올렸는지 한 번도 밝힌 적이 없다. 다만 앞서 이야기한 바와 같이 그가 1930년대 초반 파리증권거래소에서 번 돈이 25살에 은퇴해도 될 정도라고 말한 적은 있다. 주가가 다시 상승하자 얼마 후 그는 파산했고 집의 문 앞에는 압류 딱지가 덕지덕지 붙었다.

전쟁으로 큰돈을 벌고,
상품 선물 거래로 큰돈을 잃다

제2차 세계대전이 한창 벌어지던 1940년대에 코스톨라니는 상품 선물 거래로 막대한 수익을 올렸다. 그는 양모를 4개월물 선물 계약으로 95달러에 매수하여, 4개월 후 125달러에 매도했다. 코스톨라니는 자신이 이런 선물 상품을 얼마나 많이 매수했는지 밝히지 않았다. 어쨌든 선물 거래로 그가 얻은 수익은 2년을 편히 살 수 있을 정도의 금액이었다. 하지만 이 시기에 그는 고무, 실크, 후추, 주석 등 상품 선물 거래로 큰 손실을 입어 양모 선물 거래로 얻은 수익의 일부를 잃었다.

전후 독일 국채 투자로
대박을 터뜨리다

이후 코스톨라니는 1946년 미국에서 파리로 돌아가기 전 유럽의 국채를 대량으로 매수했고, 전후에 이것을 전부 높은 시세로 돌려받았다. 또한 1930년 프랑스 통화로 금리 5.5퍼센트의 독일 '영 국채Young Anleihe'를 매수하여 장부상 최대 이익을 기록했다. "독일은 폐허였고 전쟁 배상금을 지불할 수 없었다. 나는 독일인의 성실함과 콘라트 아데나워 총리의 리더십을 믿었기에 독일이 언젠가 채무를 상환할 수 있으리라고 생각했다. 아데나워는 내가 생각했던 것보다 훨씬 위대한 정치인이었다. 왜냐하면 그가 프랑스 프랑으로 발행된 영 국채를 달러나 영국 파운드처럼 상환했기 때문이다. 전쟁 중 프랑스 프랑은 통화로서 가치가 없었다. (…) 나에게 이것은 140배의 금리라는 의미였다."[120]

실제로 코스톨라니는 영 국채를 1946년에 250프랑에 매수하여 몇 년 후 3만 5000프랑에 매도할 수 있었다. "수익 금액을 기준으로 삼는다면, 독일의 영 국채로 한 투기가 나에게는 가장 큰 수익이었다."[121]

크라이슬러 주식으로 막대한 수익을 올리다

코스톨라니는 미국의 자동차 제조업체 크라이슬러Chrysler 주식으로도 막대한 수익을 올렸다. "나는 크라이슬러 주식을 3.5달러에 매수해서 보유 주식의 절반을 한꺼번에 매도했는데, 액면분할을 하지 않았을 때의 주가가 105달러였다. 나머지 절반은 지금도 가지고 있다. 현재 시세는 120달러쯤 될 것이다."[122] 코스톨라니는 '크라이슬러 주식 거래가 가장 수익률이 높은 투자였다'고 밝혔다.

주식 시장에서 바보보다 주식이 많으면 주식을 사야 할 때고,

주식보다 바보가 많으면 주식을 팔아야 할 때다.

언제 사고 언제 팔 것인가

코스톨라니의 달걀 모형

코스톨라니는 저서에서 재미있는 일화를 많이 소개했다. "내 조언은 이론이나 숫자가 아닌, 개인적인 경험을 기준으로 삼는다. 나는 경제와 금융에 대한 지식이 많지 않다. 그나마 내가 알고 있는 것은 대학이나 전공 서적이 아닌 정글에서 배운 것이다."[123] 그는 투자 전략을 어린 학생도 이해할 수 있을 정도로 쉽고 재밌게 설명했다.

"주식 시장에 대부분의 투자자는 바보들이다. 따라서

결론은 일반적인 상식의 반대로, 즉 일정한 주기를 역행해서 행동해야 한다는 것이다."[124]

"괴테처럼 표현하자면, 시장의 분위기가 하늘을 찌를 듯 최고조에 달했을 때 매도하고, 시장의 분위기에 죽음의 그림자가 드리워졌을 때 매수하라."[125]

"습관적인 비관론자가 낙관론자가 되면 최대한 빨리 시장에서 하차해야 한다."[126]

"노련한 투기꾼의 시세 조작은 손가락을 베지 않는다. (매수할 때) 달걀의 아랫부분을 최대한 넓게, (매도할 때) 달걀 윗부분을 최대한 넓게 잘라내기 때문이다."[127]

코스톨라니의 투자 전략 중 가장 많이 알려진 메타포는 '코스톨라니의 달걀 모형'이다. 코스톨라니는 달걀 모형을 예로 주식 시장의 주기를 설명했고, 또 이를 통해 투자자들이 언제 주식 및 그 외 투자 상품을 매수하고 매도해야 할지 귀납적으로 추론했다.[128]

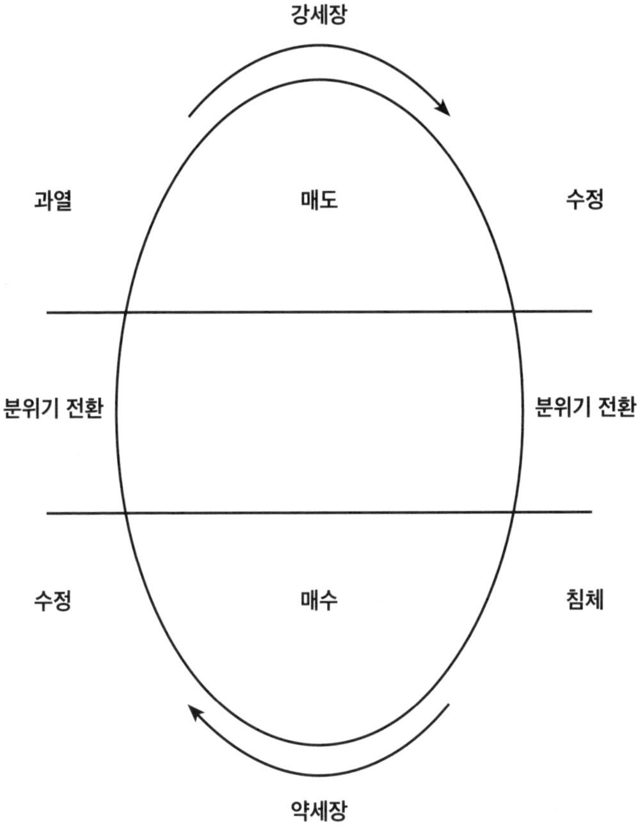

코스톨라니의 달걀 모형

코스톨라니는 강세장에서 약세장까지 주식 시장의 순환 주기를 '수정', '분위기 전환', '과열'의 3단계로 분류했다. 주식 또는 그 외 투자 상품을 매수하는 데 이상적인 시기는 '최악의 약세장'일 때, 즉 달걀의 맨 아랫부분일 때다. 이 시기에 주가는 최저치를 기록하고 오랫동안 하락세를 보이다가 '(긍정적인) 수정' 단계에서 다시 오르기 시작한다.

이후에는 '(긍정적인) 분위기 전환' 단계가 나타난다. 수많은 언론의 부정적인 소식이 긍정적인 소식으로 대체된다. 그리고 점점 더 많은 사람이 주식에 투자한다. 그리고 주가가 점점 더 빠른 속도로 상승하고 거래량도 빠른 속도로 증가하는 '과열' 단계에 이르게 된다. 코스톨라니는 똑똑한 투기꾼이라면 이때 주식을 매도하고 이익을 취해야 한다고 보았다. 이상적인 매도 시점은 주식 시장의 순환 주기가 달걀 모형의 맨 윗부분에 도달했을 때다. "바로 이 시기, 즉 주식이 '장안의 화젯거리(talk of the town)'일 때 반드시 매도해야 한다"[129]는 것이 코스톨라니의 생각이었다.

그다음은 강세장이 서서히 진정되는 '(부정적인) 수정' 단계다. 이 시기에는 주가가 서서히 하락하고 거래량도 감소한다. 똑똑한 투기꾼이라면 늦어도 이 시기에는 주식을 매도해야 한다. 그 뒤에 찾아오는 것이 '(부정적인) 분위기 전환' 단계다. 이 단계에 이르면 경제 언론에서는 안 좋은 소식을 점점 더 많이 전하고, 주가는 점점 더 빠른 속도로 하락한다.

마지막으로 순환 주기는 '침체' 단계로 넘어간다. 이 단계에서는 주가가 떨어질 것이라는 비관적 분위기가 시장을 지배한다. "주가는 가을의 낙엽처럼 우수수 떨어진다. 이것이 패닉장이며, 주식은 완전히 헐값으로 매매된다."[130]

자, 그리고 바로 이때가 똑똑한 투기꾼이 나설 순간이다.

우리는 주식이라는 연인과

언제든 사랑에 빠질 수 있어야 하고,

또 언제든 헤어질 수 있어야 한다.[131]

숙면을 방해하면 팔아라

매수와 매도의 단서들

주식 시장에 승차하기에, 즉 주식을 매수하기에 이상적인 시점은 최악의 약세장일 때다. 코스톨라니의 달걀 모형으로 이야기하자면, 주식 시장의 순환 주기가 맨 아래에 있을 때다. 반면 최적의 주식 매도 시점은 코스톨라니의 달걀 모형에서 주식 시장 순환 주기가 맨 위에 있을 때다. 예외적인 경우에만 주가가 최고치 또는 최저치를 경신하는 모습을 포착할 수 있다. 코스톨라니 역시 "행운아만이 주가가 최고치일 때 매도하고 주가가 최저치일 때 매수할 수 있다"[132]라고 말했다. 그도 이 사실을 알고 있었던 것이다.

하지만 그럼에도 불구하고 2003년 봄 독일에서 첨단 기술주 시장의 거품이 꺼졌을 때, 혹은 2009년 금융위기가 미국을 덮쳤을 때나 2020년 봄 코로나19 사태로 시장에 위기가 와 주식 시장이 심각한 침체기에 돌입했을 때에는 주식이나 유사 투자 상품에 투자해볼 가치가 있다고 말하고 싶다. 약세장이 끝나면 항상 강세장이 찾아온다는 것은 확실한 사실이니 말이다.

코스톨라니는 주식을 사고 파는 타이밍에 대해 이렇게 당부했다. "혹시 주식 관리 때문에 잠을 이룰 수 없을 정도로 신경 쓰이는가? 하루아침에 계좌가 녹아내릴 것 같아서 전전긍긍하고 있는가? 그렇다면 노련한 투자자들에게서 답을 얻어라. 그들은 어떤 주식 종목이 자신을 잠들기 직전까지 괴롭힌다면, 다음 날 가차 없이 시장에 내다 판다. 주식 투자의 세계에서 가장 현명한 방법은 신경이 쓰이기 전에 매도하는 것이다."[133]

코스톨라니는 주식을 사고 파는 시점에 관해 다음과 같은 조언을 남겼다. “내가 이 종목을 보유하고 있지 않다면 이 종목을 매수할 것인가? 답이 ‘예’일 때는 꼼꼼하게 살펴본 후 이 종목을 매수해야 한다. 답이 ‘아니오’라면 내가 알고 있는 사실대로 행하기 위해 이 종목을 즉시 매도해야 한다.”[134] “점점 더 많은 개미 집단이 팁을 좇고 일상적인 대화의 주제가 주식으로 번져가는 추세라면 이것은 아주 불길한 조짐이다.”[135] “불황일 때 주식을 매수해야 하는가? 그렇다. 불황일 때는 정부가 경제를 활성화하고, 이자를 할인하고, 통화량을 증가시키기 때문이다. 주식 시장은 경제보다 앞서 정부의 이런 조치로부터 가장 많은 혜택을 입는다. 돈은 주식 시장의 산소이기 때문이다.”[136] “시장에서 소규모 거래가 증가하거나 하락한다면 이것은 현재의 동향이 지속될 것이라는 뜻이다. 그러나 시장의 매매 증가세 또는 하락세가 지속된다면 이것은 시장 동향에 변화가 생길 것이라는 신호다.”[137]

경제와 주식 시장이 항상 같이 움직이는 것은 아니지만,

둘이 서로 관련이 아예 없다고는 볼 수 없다.[138]

장기적으로 모든 주가는 오른다

개를 키우는 남자

주가의 폭락 주기는 반복적으로 나타나지만, 그럼에도 장기적으로 보면 주식 투자는 분명 이득이다. 코스톨라니는 이 상황을 다음과 같은 훌륭한 비유로 설명했다.

> "한 남자가 개 한 마리를 데리고 공원을 산책하고 있다. 남자가 산책로를 따라 지체 없이 앞으로 걸어가는 동안, 개는 오른쪽으로 달려가 잔디밭에서 뒹굴다가 다시 왼쪽으로 가서 뒹굴다가 하면서 몹시 바쁘다. 어

쨌든 남자와 개는 목적지에 도착한다. 남자는 직선거리로 목적지까지 왔고, 개는 수차례 지그재그를 그리며 왔다는 점이 다를 뿐이다."

이 메타포에서 남자는 '경제', 개는 '주식 시장' 또는 '주가'를 의미한다. "(1930년부터 1933년까지 있었던 대공황 이후) 경제는 꾸준히 성장했다. 아마 그사이에 경제가 두 차례 정체되거나 한 차례 후퇴한 적이 있었을 것이다. 반면 주식 시장은 100배 치솟았다가 다시 떨어졌다."[139]

물론 개와 남자의 비유는 다르게 해석될 수도 있다. 남자는 '기업의 가치'이고, 개는 '가격', 즉 '기업의 주가'이다. 남자(기업의 가치)가 상대적으로 꾸준히 움직이는 반면, 개(현재 주가)는 뒤처지거나 앞선다. 하지만 그럼에도 개와 주인은 항상 다시 만난다. 즉, 언젠가는 주가와 기업의 실제 가치가 일치하게 된다. 쉽게 말해 주가가 너무 높을 수도 있고 너무 낮을 수도 있지만, 이 상태가 영원히 지속되지는 않는다는 뜻이다. 주가(개)는 항상 원래의 적정 가치(주인)로 돌아오기 마련이기 때문이다.

코스톨라니는 '남자'와 '개'라는 메타포를 이용해 모든 투자자들에게 용기를 주려고 했다. 그가 하고 싶었던 말은 단순했다. "미래를 신뢰하라."

돈이 없는 사람은 인내심이 부족하다.

인내심이 부족한 사람은 생각이 없다.

생각이 없는 사람은 운이 따라주지 않는다.

운이 따라주지 않는 사람은 돈이 없다.[140]

몰트케는
이렇게 말했다

성공 전략 4G

똑똑한 투자자(코스톨라니는 이를 '강한 사람'이라고 했다)가 주식 투자에 성공하려면 돈Geld, 생각Gedanken, 인내심Geduld, 행운Glück이라는 4G가 필요하다. 코스톨라니는 이 네 가지 요소를 주식 투자의 성공 원칙으로 꼽았는데, 이는 프로이센의 육군 원수 헬무트 폰 몰트케Helmut von Moltke가 말한 '전쟁에서 승리하기 위해 갖춰야 할 기본 조건 네 가지'에서 비롯되었다.[141]

코스톨라니가 여러 차례 강조했듯이 여기에서 말하는 '돈'은 빌린 돈이 아니라 '자기자본'이어야 한다. 선물 거래의 경우 투자자에게는 투자금 외에도 예비금이 필요하다. 이런 예비금은 상품 선물 거래에서 증거금을 올려줘야 할 때 중요하다. 그래서 코스톨라니는 이렇게 조언했다. "빌린 돈으로는 절대 주식 투자를 하지 마라!"[142]

물론 투자 대상에 따라 상황이 달라지기도 한다. 코스톨라니는 다음과 같은 경우에만 자신의 철칙에 예외를 적용한다. "대출 금액보다 다른 자산 항목의 비중이 훨씬 큰 경우에만 빚을 내서 주식을 매수하라."[143] 코스톨라니는 대출을 기반으로 해 큰 손실을 입었던 자신의 과거 투자들이 '돈'이라는 요소가 부족한 상태로 시작됐기 때문에 처절하게 실패했다고 솔직하게 인정했다. "나도 빚을 내서 무리하게 주식에 투자한 적이 있다. 당시 나는 복구할 수 없을 정도의 거액을 날리고 말았다. 그때 나는 '강한 투기꾼'이 아니었다. 4G 중 한 가지인 돈이 없었기 때문이다."[144]

두 번째 '생각'이란, 코스톨라니에 따르면 '투자자가 자신의 투자에 대해 가지고 있는 아이디어 또는 확신'이다. 성공을 꿈꾸는 투자자는 계획 없이 행동해서는 안 된다. 자신의 투자에 대해 항상 미리 생각하고 확신을 가져야 한다. "생각을 하는 사람은 똑똑하게 행동한다. 물론 그가 반드시 옳거나 틀렸다고 말할 순 없으나, 신중함과 상상력을 바탕으로 행동하고 있다."[145]

그리고 투자에서 중요한 요소 중 하나로 코스톨라니는 '인내심'을 들었다. 그는 인내심에 대해 "이것은 느긋함이 필요하다는 뜻이다. 100달러에 매수한 주식이 80달러로 하락했다고 해서 바로 팔아치우면 안 된다"라고 말했다.[146] 코스톨라니는 투자에서 특히 인내심이라는 요소가 중요하다고 강조했다. "주식 투자에서 가장 중요한 요소는 인내심일 것이다. 인내심이 부족해서 투자에 실패하는 경우가 가장 많다."[147]

투자자에게 인내심이 얼마나 중요한지를 강조한 코스톨라니의 재담 중 가장 자주 인용되는 것을 하나 소개한다. "나는 소액 및 고액 저축자들에게 절대 무작정 주식에 돈을 투자하지 말라고 한다. 이런 투자자들은 주식 시장에 큰 사건이 터지면 패닉 상태에 빠져 주가가 오르기도 전에 지레 겁을 집어먹고 손실을 감수한 채 허둥지둥 팔아치워 버린다. 그래서 이들에게는 약이 필요하다. 시장에서 일어나는 이런 큰 사건을 보지도 듣지도 못하도록 주식을 매수한 다음 수면제를 먹고 푹 자야 한다."[148]

마지막 네 번째 요소는 '운'이다. 코스톨라니는 투기로 성공하려면 '운이 따라주어야 한다'고 말했다(물론 이는 당연한 말이다).[149]

코스톨라니의 조언에 따르면 4G를 고려하여 투자한 사람만이 주식 투자에서 성공할 수 있다. 즉, 4G를 갖춰야만 그가 말했던 '강한 사람'에 속할 수 있는 것이다. 반면 4G 중 한 가지 요소라도 무시하는 이른바 '약한 사람'은 주식 투자에 성공하지 못한다.

절대 빌린 돈으로는 주식에 투자하지 마라. 무엇에 투자할지 충분히 생각하고, 인내심을 갖고 투자하라. 주가가 단기간에 폭락한다고 해도 바로 처분하지 마라. 이 모든 걸 철저하게 지키고 주식 투자를 시작한다면 운까지 따라줄 것이다.

인간은 목적지까지 갈 때

절대 직선 경로로 가지 않는다.[150]

앙드레 코스톨라니의 신조[151]

2×2=5-1

코스톨라니는 종종 투자의 지혜를 수학 공식에 빗대어 설명하곤 했다.[152]

'2 × 2 = 5 - 1'

이 공식은 일견 무척 특이해 보인다. 코스톨라니는 이 공식을 통해 투자라는 것이 항상 직선거리로 진행되는 게(2 × 2 = 4) 아니라, 예측할 수 없는 우회로를 통해(5 - 1) 목적지(4)

에 도달할 수 있다는 사실을 환기시킨다.

예를 들어 교량의 안정성을 체크하는 학문적인 계산에는 직선 경로(2×2 = 4)를 선택해야 한다. 그러나 코스톨라니는 주식 투자는 학문이 아닌 기술이기 때문에, 투자를 할 때는 공식을 다르게 적용해야 한다고 생각했다. 예측할 수 없는 요소를 반드시 포함시켜야 한다는 뜻이다. 그렇기에 투자자는 느긋한 마음, 즉 인내심과 돈을 충분히 가지고 있어야 반드시 필요한 '-1'을 얻을 때까지(목적지에 도달할 때까지) 버틸 수 있다.

코스톨라니는 우리를 이렇게 안심시킨다. "사전에 충분히 고민하고 시작한 투자라면 예측 불가능한 요소가 나타난다 해도 동요하지 마라. 주식 시장이 예상과 다르게 돌아간다고 할지라도, 당신이 이런 것 따위에는 끄떡도 하지 않는 강심장임을 보여주면서 인내심을 갖고 기다려라. 잠잠히 기다리면 목적지에 도달할 수 있을 것이다."

물론 그럼에도 투자자는 경계를 늦춰서는 안 된다. 코스톨라니는 예측 불가능한 요소를 정확하게 조사하고 이해해야 한다고 말한다. "일시적인 장애 때문이라면 침착함을 잃지 않고 잘 버텨내야 한다. 하지만 전쟁과 평화, 중요한 정치·경제·금융과 관련된 결정, 정권 교체 등 우리가 전혀 예측할 수 없는 중대한 변화가 일어났을 때는 즉시 결론을 내려야 한다. 사태가 심각할 때는 인기가 많고 주가도 높았던 종목도 포기해야 한다. 투기꾼은 언제 어디서든 자신의 생각과 계획을 신중하게 고민할 준비가 되어 있어야 한다."[153]

심리는 기본 데이터보다 훨씬 중요한 요소다.[154]

늦어도 12개월 후에는 주가가 통화량이라는 요소를 따라간다.

따라서 중앙은행이 전격적으로 금리 인상을 단행한 후에

주가가 떨어지는 것은 시간문제일 뿐이다.[155]

코스톨라니와 버핏의 결정적 차이

통화량 + 심리 = 시세

코스톨라니는 주가 변동, 즉 시세는 주로 '통화량'과 '심리'라는 두 가지 요소에 의해 결정된다고 보았다. "통화량과 심리라는 두 요인이 긍정적인 상태에 있으면 주가는 상승한다. 반면 이 두 요인이 부정적인 상태에 있으면 주가는 하락한다. 한 요인이 긍정적이고, 다른 요인이 부정적이면 시세는 중립 상태다. 즉, 주식 시장은 큰 변동도 없고 특색 없이 무미건조하게 흘러간다."[156]

코스톨라니는 통화량을 '주식 시장의 영약'이라고 말했다.[157] 또한 다른 글에서는 "돈은 주식 시장에서 호흡을 위한 산소, 엔진에 들어가는 휘발유와 같다"라고 표현했다.[158] 충분한 통화량 보유 여부에 결정적인 영향을 끼치는 것은 중앙은행의 금융 정책이다. 중앙은행에서 기준금리를 인하하면 돈을 벌기에 유리하다. 국채나 MMDA(Money Market Deposit Account, 금융기관이 취급하는 수시입출금식 저축성 예금의 하나-옮긴이) 같은 고정금리 상품은 저금리 시대에 적합한 투자 대상이 아니다. 그래서 투자자들은 주식이나 그 밖의 투자 상품으로 돈을 벌려고 한다. 이런 맥락에서 코스톨라니는 다음과 같은 경험칙을 도출했다. "금리가 인하되면 주저하지 말고 주식 시장에 뛰어들어야 한다."[159]

하지만 통화량 외에도 '심리'라는 요인이 주가의 흐름을 결정하기도 한다. 코스톨라니는 심리를 '인간의 심적 상태' 또는 '주식 투자자들의 시장에 대한 관점'이라고 이해했다. "주식 투자자들의 심리가 항상 부정적이면 아무도 주식을 사려고 하지 않을 것이기 때문에 주가는 오를 수 없다."[160] 예를 들어 돈이라는 요인은 현재의 기준금리에 맞춰 측정할 수 있는 반면, 심리라는 요인은 측정이 불가하다. “우리는 단 30일의 기간에 대해서도 이 요인을 예측하려면 점쟁이가 되는 수밖에 없다.”[161] 바로 이런 점에서 코스톨라니는 기업의 기본 데이터(주가수익비율, 주가현금비율, 주식의 내재가치 등)에 주로 의존해 주식의 매수 또는 매도를 결정했던 벤저민 그레이엄Benjamin Graham, 워런 버핏, 피터 린치같은 가치투자자들과 뚜렷한 차이가 있다.

“나는 중기적인 증시 흐름에서 상상력, 즉 사람들의 심리가 기본 데이터보다 훨씬 중요하다고 생각한다.”[162] 유럽중앙은행이나 미국 연방준비제도이사회와 같은 주요 중앙은행에서 기준금리를 인하했다면, 이것은 주식에 투자하라는 신호다. 투자자들은 금리가 낮기 때문에 국채와 같은 고정금리 상품에 매력을 느끼지 못하고 주식에 더 많이 투자한다. 금리 인하 시점에 주식 시장 분위기가 부정적일지라도, 심리적 요인(시장 참여자의 관점)에 따라 반응이 달라지는 것이다. “과다한 통화량이 시장에 유통되고 있다면 이런 유동성은 늦어도 9개월에서 12개월 후에 주식 시장에 반영된다.”[163]

나는 먼저 전체 상황을 분석하고 각 나라를 분석한다.

그다음에 유망한 분야를 골라내고,

마지막으로 각각의 가치를 찾는다.[164]

톱다운 방식을 통한 스톡피킹

종목 선정 4단계

유망한 투자 대상을 선택하는 방법에 관해 코스톨라니는 투자의 거장 짐 로저스Jim Rogers[165]처럼 톱다운top-down 방식 투자의 대변자였다(하지만 코스톨라니는 일반적인 톱다운 방식의 투자자들 거시적 경제 관점으로 시장의 흐름을 평가하고 미래 추세를 예측하려고 시도했던 것과는 달리, 함부로 시장을 평가하고 예측하려고 하지 않았다. 오히려 그는 시장 예측을 금기시했으며, 오직 종목을 탐색하고 발굴할 때에만 톱다운 방식의 분석법을 활용해야 한다고 조언했다). 이들은 먼저 전체, 예를 들어 한 국가의 경제 상황이나 유망한 분야, 상품의 일반적인 수요 등을 분석한 다음, 구체적인 투자 가능성을 조목조목 따져보아야 한다고 주장한다. 반면 워런 버핏[166], 찰리 멍거[167], 벤저민 그레이엄[168], 피터 린치[169], 존 템플턴John Templeton[170]과 같은 가치투자자들은 코스톨라니나 로저스와 달리 보텀업bottom-up 방식을 선호한다. 이들은 한 기업의 기본 데이터를 바탕으로 투자를 결정한다. 코스톨라니는 저서 『돈, 뜨겁게 사랑하고 차갑게 다루어라』[171]에서 톱다운 방식으로 유망한 투자 대상을 찾는 법 4단계를 소개했다. 간략히 설명하면 다음과 같다.

1단계: 일반적인 동향을 진단하라

신문, 인터넷 기사, 연구소 발표 내용 등 자료와 보고서를 읽고 경제 발전의 '일반적인 동향'이 어떤지를 분석하라. 또한 국제지수도 살펴보고, 금리 변화도 관찰하라. 경기 전망이 부정적이면 약세장이 올 것이라 예측할 수 있다. 중앙은행에서 금리를 인상하여 투자자들이 주식 투자보다 고정금리 투자에 더 흥미를 보일 때도 마찬가지다. "일반적인 동향이 하향세라면 극도로 적은 주식만이 이 추세에서 벗어날 수 있다."[172] 따라서 분위기가 약세장으로 급변하는 시기에는 투자를 억제해야 한다. 일단 회복의 첫 조짐이 보일 때까지 기다려라.

2단계: 유망 분야를 찾아라

경기 회복의 첫 신호가 나타나면 성장 잠재력이 가장 큰 분야를 찾아라. 재생에너지, e-모빌리티, 인공지능 등 떠오르는 분야를 살펴야 한다.

3단계: 주식을 선택하라

이 단계에서는 당신이 중요하다고 판단한 미래 분야에서 활동하고 있는 기업들을 꼼꼼히 살펴보라. 최고의 성장 잠재력을 가진 기업들을 살펴본 뒤 주식을 매수하면 된다.

4단계: 대중보다 빠르게 움직여라

결정을 했다면 앞일을 예측하면서 행동하라. "투기꾼은 대중보다 성장 분야를 먼저 알아보기 위해 애써야 한다. 그렇게 해야 저렴한 가격으로 투자할 기회를 잡을 수 있다."[173]

주식 시장 교리문답에는

'공매도 투자자는 남의 불행을 빌기 때문에

신으로부터 경멸을 당한다'라고 쓰여 있다.[174]

공매도를 이용한 헐값 매수 투자

불황에도 돈 버는 법

코스톨라니는 1930년대 초반 파리에서 처음 주식 투자로 대박을 터뜨렸다. 월스트리트 주가 대폭락 이후 전 세계 경제와 주식 시장이 마비된 사건이 있었다. 미국에서는 이 사태를 1929년 10월 24일 목요일에 터졌다는 이유로 '검은 목요일Black Thursday'이라고 부르지만, 유럽에서는 시차 때문에 '검은 금요일Black Friday'이라고 한다. 또 약세장이 장기화되었기 때문에 '세계 경제 공황'이라고 부르기도 한다.

코스톨라니는 바로 이 시기에 폭락한 주식을 저가에 사들여 큰돈을 벌었다. 즉, 주가가 하락하는 종목에 공매도를 한 것이다. 주가의 일정 비율에 해당하는 증거금을 지불하고 단기간 주식을 빌려 매도를 했는데. 며칠 후 이 주식들의 가격이 더 떨어지자 그는 주식을 다시 사들여 대여자들에게 돌려주었다. 이런 공매도를 이용해 코스톨라니는 엄청나게 많은 돈을 벌었다.

반면 1932년과 1933년 파리증권거래소가 다시 회복되었을 때는 전 재산을 잃고 말았다. 이때의 막대한 손실이 그를 변화시켰는지, 아니면 그의 말대로 성냥왕 이바르 크뤼게르의 자살이 그를 변화시켰는지 모르겠지만, 코스톨라니는 헐값 매수 투기를 그만두었다. "그는 완전히 딴사람이 됐다."[175] 이처럼 주식 공매도나 상품 선물 거래 등 '레버리지'를 일으키면 큰 수익을 올릴 수 있다. 증거금만 지불한 상태로 기다리다가 모든 상황이 잘 돌아가면 투자금의 몇 배나 되는 수익을 올릴 수도 있다.

하지만 이때도 조심해야 할 것이 있다. 예상과 달리 당신이 공매도한 주식의 가격이 상승하면 지렛대는 다른 방향으로 움직인다. 한마디로 레버리지 거래를 잘못하면 증거금 또는 대여료의 몇 배나 되는 돈을 잃을 수 있다는 뜻이다. 지렛대가 불리한 방향으로 움직이면, 최악의 경우 파산할 수도 있다.

그럼에도 레버리지 투자를 경험해 보고 싶다면 짐 로저스와 관련된 책 등을 읽고 이런 방식의 투자법을 충분히 공부한 뒤 시작해야 한다. 공매도나 선물 또는 옵션 거래를 시도해 보고 싶다면 리스크가 없는 '모의 실습'부터 시작하길 바란다. 다양한 주식 거래 플랫폼에서 무료로 제공하는 모의 계정이나 모의 계좌를 이용해 먼저 경험을 쌓는 것이 좋다.

투자자는 깊이 생각하지 않고 행동을 취하는 것보다,

아무 행동을 취하지 않고 깊이 생각하는 것이 더 낫다.

무리에서 벗어나라

독립 본능

코스톨라니는 자신이 주식 시장에서 큰돈을 벌 수 있었던 비결로 '대세에 역행하는 투자를 했기 때문'이라고 말한다. 그는 블랙 프라이데이가 오기 직전, 주식 시장이 아직 호황일 때 헐값 매수 투자를 했다. 전후에는 전쟁으로 폐허가 되어 미래가 불투명해 보였던 독일의 국채를 매수했다. 독일이 언젠가는 부채를 상환할 수 있으리라고 확신했기 때문이다. 또한 그는 거의 지불 불능 상태에 있던 크라이슬러가 턴어라운드를 하리라고 확신했기 때문에 과감히 투자했고, 이 투자로 막대한 수익을 올렸다. 코스톨라니는 약세장이 정점에 이르러 대부분의 투자자가 주식을 매도하는 분위기일 때 주식을 매수할 것을 권했다. 그의 달걀 모형에 따르면 곧 경기가 회복될 것이기 때문이다. 다만 회복되기까지 얼마나 오래 걸릴지가 문제일 뿐이다.

'더 클래식' 시리즈에서 소개하는 7명의 전설적인 투자가들에게서는 한 가지 공통점을 발견할 수 있다. '무리 본능을 따르지 않고 반대로 행동했다는 것'이다. 대세에 역행하라는 주장은 상당히 논리적이다. 다수의 행동을 따르는 사람은 필시 평균 수준의 성공밖에 거두지 못한다. 그러므로 성공한 투자자가 되길 꿈꾼다면 그 누구도 따르지 않는 방법을 찾아야 한다. 유망 분야를 살펴보고 다른 사람들이 움직이기 전에 해당 기업에 투자하라. 파산 위기에 처한 전통기업을 조사해 보고, 턴어라운드를 할 가능성이 있다고 확신할 만한 타당성 있는 지표를 찾았다면 과감히 투자하라. 위기와 주가 대폭락을 장래에 유망해질 주식에 투자할 기회로 활용하라. 위대한 투자의 거장들이 전하고자 하는 메시지는 바로 이것이다.

부록

앙드레 코스톨라니의 10가지 철칙, 10가지 금기

더 클래식 앙드레 코스톨라니 연대표

더 클래식 투자 용어 사전

앙드레 코스톨라니의 10가지 철칙, 10가지 금기

코스톨라니는 『돈, 사랑한다면 투자하라』[176]라는 책에서 투기를 할 때 지켜야 할 10가지 철칙과 10가지 금기를 정리하며 다음과 같이 조언했다. "주식을 매수하거나 매도할지 혹은 보유할지를 결정하기 전에 이 규칙들을 따른다면 수업료를 절약할 수 있을 것이다."[177]

10가지 철칙

1. 아이디어가 있다면 신중하게 행동하라. 매수를 할 것인가? 매수하기로 결정했다면 어디에 있는, 어느 분야의, 어느 국가의 주식 종목에 투자할 것인가?

2. 압박감을 느끼지 않으려면 충분한 자금을 확보해놓아라.

3. 인내심을 가져라. 실전은 항상 생각했던 것과 다르다.

4. 자신의 결정을 확신한다면 강하고 끈질기게 버

터라.

5. 자신의 생각이 틀릴 수도 있다는 것을 염두에 두고 융통성을 가져라.

6. 새로운 국면에 진입했다는 감이 오면 주식을 매도하라.

7. 어떤 주식을 매수할 것인지 때때로 주식 시세표를 살피고 점검하라.

8. 많은 상상력을 자극하는 투자일 때에만 주식을 매수하라.

9. 모든 리스크, 심지어 가장 불확실한 요소까지 계산해야 한다. 예측 불가능한 요소를 항상 고려해야 한다.

10. 자신의 판단이 옳았다고 해도 늘 겸손함을 잃지 마라.

10가지 금기

1. 비밀 정보를 캐내기 위해 남들의 팁만 쫓아다녀라.

2. 매도자들이 주식을 매도하는 이유와 매수자들이 주식을 매수하는 이유를 알고 있다고 믿어라. 그들이 늘 자신보다 더 많이 안다고 믿어라.

3. 손실을 만회하기 위해 집착하라.

4. 이전 가격을 계속 생각하라.

5. 주식을 내버려둔 채 잠들라. 가격이 더 오를 수 있다는 희망을 품은 채 투자에 관한 모든 것을

잊어버리고 지내라. 한마디로, 어떤 결정도 내리지 마라.

6. 아주 작은 가격 변동까지 쉴 새 없이 쫓고, 사소한 일에도 일일이 반응하라.

7. 아주 작은 이익에도 기뻐하고, 아주 작은 손실에도 슬퍼하며 끊임없이 그 결과를 평가하라.

8. 조금이라도 주가가 올랐다면 곧장 매도해 수익을 실현하라.

9. 정치적 호감 또는 반감에 따라 감정적으로 반응하라.

10. 수익을 얻었을 때 자만하라.

더 클래식 앙드레 코스톨라니 연대표

1906년　출생

부다페스트에서 제조업자 루트비히 코스톨라니와 아내 코르넬리아 코스톨라니 부부의 넷째이자 막내로 태어났다.

1919년　빈 망명 그리고 주식 투자 시작

제1차 세계대전이 끝나고 공산주의자들이 헝가리의 실권을 장악하자 코스톨라니 가족은 빈으로 망명한다. 난민들이 몰려들며 빈의 외환 암거래 시장은 성황을 이루었고, 여기에서 가능성을 발견한 코스톨라니는 열세 살의 어린 나이에 주식 투자를 시작했다.

1921년 친구들과의 주식 투자

선박 회사가 호황일 것이라는 아버지의 통화 내용을 엿들은 코스톨라니는 문학클럽 친구들과 합심해 '오셔닉'이라는 선박 회사 주식을 매수했고, 이 투자는 대성공을 거두었다. 그러나 알고 보니 오셔닉은 선박 회사가 아니었다. 실수와 오해로 시작한 투자가 얼떨결에 성공을 거둔 셈이다.

1925년 부다페스트대학교 입학

미술 비평가나 문예 집필자가 되고 싶었던 코스톨라니는 철학과 미술사 전공으로 부다페스트대학교에 입학한다.

1927년 증권거래소 입문

파리로 거처를 옮긴 코스톨라니는 한 유가증권 중개회사에서 견습생 과정을 마친 후 정식 증권 중개인으로 입문한다. 이 시기에 그는 자신의 돈으로 처음 주식 투자 비즈니스를 시작했다.

1929년 헐값 매수 전문 투자자로서의 성공

1929년 월스트리트에서 대량 매도세가 이어졌고 이후 역대 최악의 주가 대폭락 사태가 터졌다. 이 분위기는 삽시간에 유럽으로 확대되었고, 코스톨라니는 이때부터 '헐값 매수 투자자'로서 명성이 높아지기 시작했다. 다른 사람들에게 시련이 찾아올 때 반대로 그는 돈을 벌었다. 코스톨라니는 이때 스물네 살이라는 젊은 나이에 은퇴해도 될 만큼의 큰돈을 벌었다.

1933년 파산

세계 경제에 공황이 닥치자 코스톨라니는 성냥 제조 기업 '크뤼게르 트러스트'의 주식을 헐값으로 매수해 큰돈을 번다. 하지만 크뤼게르 트러스트의 사장이자 '성냥왕' 이바르 크뤼게르는 파산을 피할 수 없게 되자 권총 자살을 택했고, 이 일로 코스톨라니는 회의감과 양심의 가책에 시달리게 된다. 그리고 프랑스 경제가 예상보다 일찍 회복되면서 코스톨라니는 전 재산을 잃고 파산하고 만다.

1939년 첫 책 『수에즈: 어느 기업에 관한 이야기』 출간

오랫동안 저널리스트라는 직업을 꿈꿔온 그는 종종 신문이나 금융 전문지에 기사를 쓰고, 글을 기고하기도 했다. 프랑스어로 출간된 이 책은 그의 은밀한 꿈이 실현된 첫 사례다.

1939년 미국 망명

다행히 코스톨라니는 금세 재기하여 훌륭한 투자 실적을 올렸지만 새로운 위기가 찾아왔다. 나치 독일이 체코의 수데텐란트 지역을 오스트리아에 합병했고, 전쟁이 터지기 일보 직전이었다. 전쟁을 예감한 그는 유가증권을 전부 정리해 미국으로 떠난다.

1941년 조지프발레이앤드컴퍼니 설립

호화롭고 느긋한 미국 생활에 따분함을 느낀 코스톨라니는 헝가리 출신 친구들과 함께 투자 회사를 설립했고, 다시 '투기'를 시작했다. 이때 코스톨라니가 선택했던 것은 주식이 아니라 상품 선물 거래였다.

1948년 파리 이주

전쟁이 완전히 막을 내리자 코스톨라니는 아내와 함께 다시 파리로 이주한다. 노련한 투기꾼이었던 코스톨라니는 전쟁 후 투자자들에게 더 큰 기회가 찾아올 것이라는 사실을 잘 알고 있었다.

1951년 해외 채권 투자 성공

코스톨라니는 전쟁 후 독일의 해외 채권을 대량으로 매수했다. '절대 빚을 내서 투자하면 안 된다'는 자신의 철칙을 처음으로 깨고 대규모 대출을 일으켜 투자를 할 만큼 그는 이 투자에 자신이 있었다. 코스톨라니의 예측은 모두 적중했고, 그는 엄청난 수익을 거둔다.

1960년 『주식 시장을 이야기할 때』 출간

더 이상 주식 투자로 삶의 활력을 찾을 수 없게 된 코스톨라니는 금융 저술가로서의 새 삶을 맞이한다. 금융을 주제로 한 그의 첫 책이었던 『주식 시장을 이야기할 때』는 프랑스어로 처음 발표되었고, 7개 언어로 번역되었으며 1960년에는 독일에서 『이것이 주식 시장이다』라는 제목으로 출간되었다.

1965년 《캐피털》 칼럼 정기 연재

칼럼니스트로서의 일을 시작한 코스톨라니는 1965년 3월부터 《캐피털》에 월간 칼럼을 발표하기 시작했다. 이 연재는 1999년 9월 세상을 떠나기 직전까지 계속되었다.

1971년 제1회 주식 세미나 개최

피두카 자산관리회사의 설립자 고트프리트 헬러가 코스톨라니에게 주식 세미나 개최를 제안했다. 그는 기꺼이 제안을 받아들였고, 이후 약

20년간 3만 명이 넘는 투자자가 참석하면서 코스톨라니에게 '주식 교수'라는 별명을 붙여줬다. 이 세미나 시리즈는 코스톨라니가 세상을 떠난 후에도 피두카의 주최로 계속 이어지고 있다.

1995년 **『코스톨라니의 미래 결산』 출간**

그는 이 책에서 투기에서 은퇴하고 추가 매수만 하고 있다고 밝혔다.

1997년 **아우디 신차(A8) 광고 촬영**

짓궂고 냉소적인 그의 모습을 그대로 볼 수 있다. 코스톨라니는 이렇게 자신의 책 속에서, 그리고 인터넷에서 여전히 살아 있다.

1999년 **『돈에 대해 생각하는 기술』 출간**

코스톨라니가 생전에 저술한 마지막 책이자, 일평생 자신이 경험하고 느낀 투자와 금융에 대한 생각을 정리한 책이다. 이 책은 2015년 한국에서 『돈, 뜨겁게 사랑하고 차갑게 다루어라』라는 제목으로 출간되어 지금까지도 투자자들에게 많은 사랑을 받고 있다.

1999년 사망

1999년 9월 14일, 폐렴에 걸려 93살의 나이로 세상을 떠났다.

가치 상승형 펀드

특정한 투자 철학에 얽매이지 않고 자유롭게 구성된 펀드. 피터 린치의 마젤란 펀드가 대표적인 가치 상승형 펀드다.

가치투자

증권 분석의 한 방법으로, 기본적 분석의 변형이다. 가치투자자들은 가격(주가)이 한 기업의 내재가치보다 낮을 때 투자한다. 일반적으로 이런 기업의 주가수익비율은 낮고 배당수익률은 평균치보다 높다. 가치투자자의 목표는 저평가된 기업을 골라 투자하는 것이다. 가치투자는 1930년대에 미국의 투자가 벤저민 그레이엄과 데이비드 도드가 개발했다.

고가 매입 투자자

남들과는 반대로, 주가가 상승할 때 투자하는 사람.

공개 매수

특정 기업에 대한 통제권을 얻을 목적으로 주식을 대량으로 매수하는 행위. 기업에 대한 통제권은 해당 기업 주식의 30퍼센트 이상을 매수하면 얻을 수 있다.

공매도

매도 시점에 시장 참여자들의 소유 상태가 규정되지 않은 상태에서 주식, 상품, 외환 등이 매도되는 경우를 일컫는다. 일반적으로 나중에 더 낮은 가격으로 주식을 매입하려는 투자자들이 공매도를 이용한다.

관리 수수료

운용되고 있는 투자 펀드에 대해 펀드 소유주에게 매년 부과되는 수수료를 말한다. 이 수수료는 펀드 자산에서 공제되므로 그만큼 펀드 수익도 줄어든다.

국가 펀드

특정 국가의 기업에 투자하는 펀드. 수익률 변동 폭이 크지 않아 국가 펀드 투자자들은 인내심이 필요하다. 반주기적 매도에 치우치는 경향이 있으며 일반적으로 수수료가 높은 편이다. 환율 리스크가 결코 적지 않다는 것에도 유의해야 한다.

글로벌 주식 예탁증서

'GDR(Global Depository Receipts)'라고도 불린다. 증시에서 주식을 대리 거래할 수 있도록 허용하는 채무 증서 혹은 예탁 증서를 일컫는다. 미국 예탁증서와 마찬가지로 주식을 수탁하고 있는 금융기관에서 발행하지만, 글로벌 주식 예탁증서는 비미국계 금융 기관에서 발행한다는 점에서 다르다. 미국 예탁증서는 국내 증시에 상장되지 않은 해외 주식을 거래할 때 사용되는 대체 증권이다.

금융 지표

한 기업의 경제적 성과를 평가하는 모든 경영 지표를 말한다. 대표적인 예로 배당수익률, 자기자본비율, 자기자본수익률, 주가수익비율, 주가장부가치비율, 주가현금흐름비율, 주가매출비율 등이 있다.

기본적 분석

대차대조표 수치, 주가수익비율, 배당수익률 등 경영에 관한 기본 데이터를 바탕으로 기업을 평가하는 분석법.

기술적 분석

주식 시세를 중심으로 주가의 미래 가치를 분석하는 방법으로, 여기에서는 차트 분석을 의미한다. 과거 시세를 바탕으로 향후 주가 동향을 귀납적으로 추론한다.

기업 공개

주식회사가 주식 시장에 처음 상장하거나 첫 매도하는 것을 의미한다. 'IPO(Initial Public Offering)'라고도 불린다.

내재가치

대차대조표 혹은 금융 지표 분석을 바탕으로 평가된 한 기업의 가치. 내재가치는 자기자본과 숨은 자산의 합을 주식의 수로 나눈 것이다. 내재가치가 현재 주가 보다 (월등히) 높을 때 주식은 저평가된 것으로 평가할 수 있다.

다우존스 산업 평균 지수

약칭 '다우지수'로 불리며 미국 투자 시장을 대표하는 주가 지수다. 세계에서 가장 오래된 주가지수로, 1884년 찰스 다우가 산출했다. 참고로 미국 30대 상장 기업의 평균 주가지수인 다우지수는 주가 지수가 아니라 시세 지수다. 다우존스 산업 평균 지수는 배당금의 영향을 받지 않는다.

대차대조표

특정 시점 한 기업의 자산 상태를 비교해 놓은 표를 의미한다. 대차대조표의 차변에는 지출 내역을, 대변에는 자본의 출처를 기록한다. 모든 주식 투자의 기본 데이터로 활용되는 매우 중요한 지표다.

대형주

시가총액과 주가가 두루 높은 대기업 주식. 동의어로 '블루칩'이 있다.

데이비드 도드

미국의 경제학자이자 투자가. 그는 벤저민 그레이엄과 함께 컬럼비아대학교에서 가치투자 전략을 연구했다.

독일 종합주가지수

'독일 닥스 지수'라고도 불린다. 프랑크푸르트 증시에 상장된 기업 중 30대 기업을 대상으로 구성된 종합주가지수로, 세계 투자 시장에서 네 번째로 규모가 큰 독일 증시의 동향을 판단하는 지표다.

레버리지 상품

외부 자본을 투입하면 자기자본수익률이 높아질 수 있다. 투자 영역에서는 레버리지 효과는 소위 파생상품, 선물, 옵션, 레버리지 채무 증서 혹은 차액 결제 거래 등을 통해서 얻을 수 있다. 기준가가 원래 예상했던 방향대로 발전하면 상승 쪽으로 기울고, 기준가가 예상했던 것과 반대 방향으로 발전하면 손실 쪽으로 기운다.

마켓 멀티플

특정 주가지수의 평균주가수익비율을 말한다. 예를 들어 다우지수의 마켓 멀티플은 지난 약 30년간 평균 18을 기록했다.

미국 예탁증서

'ADR(American Depository Receipts)'라고 불린다. 증시에서 주식을 대리 거래할 수 있도록 허용하는 채무 증서 혹은 예탁 증서를 말한다. 주식을 수탁하고 있는 미국의 금융 기관에서 발행한다. 국내 증시에 상장되지 않은 해외 주식을 거래할 때 사용되는 대체 증권으로 활용되기도 한다.

미국 증권거래위원회

줄여서 'SEC(Securities and Exchange Commission)'라고 부른다. 워싱턴 D.C.에 있으며 미국의 주식 시장을 감독하는 기관이다.

발행 수수료

투자 펀드를 발행할 때 처음 한 번 부과되는 매입 수수료를 일컫는다.

발행인(발행기관)

유가증권(기업, 은행, 보험, 국가)을 발행하는 사람 혹은 기관을 말한다. 발행된 유가증권은 주식이 될 수도 있고 채권이 될 수도 있다.

배당금

수익에 참여하는 행위에 대한 대가. 규모와 지급 횟수 등은 주식회사의 주주총회에서 결의한다. 독일에서는 1년에 1회 배당금을 지급하는 것이 일반적이나, 미국에서는 1년에 4회 배당금을 지급한다. 배당금 지급일에 주주는 반드시 해당 주식을 보유하고 있어야 한다.

버나드 바루크

미국의 금융가이자 주식 투자자, 정치 자문, 자선가였다. 뉴욕 증시에서 성공하면서 그는 '월스트리트의 왕'으로 알려졌다. 바루크는 미국의 여러 대통령의 정치 자문을 담당했을 뿐만 아니라, 윈스턴 처칠 영국 총리 내각에서도 잠시 일했다.

법인

고유한 권리능력을 갖는 조직(기업이나 기관 투자가 등)을 말한다. 이때의 법인은 자연인에 대비되는 개념이다. 예를 들어 주식회사도 일종의 법인이다.

베어 마켓

마치 곰이 하염없이 엎드려 잠을 자듯 하락세가 지속되는 장을 일컫는다. '약세장'이라고도 한다.

벤저민 그레이엄

미국의 경제학자이자 투자자다. 데이비드 도드와 함께 뉴욕 컬럼비아대학교에서 기본적 분석을 개발했다. 훗날 투자의 대가가 되는 존 템플턴과 워런 버핏도 당시 그의 제자였다.

보통주

보통주 소유주는 정기주주총회에서 발언권을 갖는다. 발언권이 없는 주식을 우선주라고 한다.

부채율

한 기업의 자기자본에 대한 외부자본 비율을 일컫는다. 부채율이 2라는 것은 그 기업의 외부자본이 자기자본의 2배라는 뜻이다.

분산투자

투자 원금의 손실 위험을 줄이기 위한 투자법이다. 투자자들은 자신이 보유하고 있는 투자 자금을 다양한 주식이나 채권, 펀드 등의 투자 유형으로 분산시켜 증시가 어떻게 변하더라도 한꺼번에 악화되지 않도록 대비한다. 그러나 워런 버핏은 지나치게 광범위하게 분산투자하는 전략은 투자수익률을 떨어뜨린다며 거듭 경고한 바 있다.

불 마켓

마치 황소가 돌진하듯 상승세가 지속되는 장을 일컫는다. '강세장'이라고도 한다.

브로커

고객에게 주식을 매수하거나 매입하는 주식 중개인을 말한다. 투자 은행에서 고객을 위해 유가증권을 관리하거나 고객의 요청 사항을 처리하는 이들에게도 같은 명칭을 사용한다.

블루칩

대형 주식회사 중에서도 매출이 높은 주식을 블루칩이라고 한다.

상장지수펀드

'ETF(Exchange Traded Funds)'라고 불린다. 자산 구조가 지수를 기준으로 구성되고 평가되는 투자 펀드를 말한다. 상장지수펀드 관리는 큰 규모의 분석팀 없이 가능하기 때문에 관리 비용이 저렴하다. 상장지수펀드는 거의 모든 투자 유형에 적용할 수 있다. 상장지수펀드로 투자자들은 주식, 원자재, 채권, 파생상품 등에 손쉽게 투자할 수 있다.

상품가격연동증권

'ETC(Exchange Traded Commodities)'라고도 부른다. 유가증권을 발행하는 기관에서 기간 제한 없이 발행하는 채권 증서로, 항상 상품과 관련이 있다. 예를 들어 귀금속 상품가격연동증권은 금을 기준가로 삼는다. 유가증권거래소에서 거래된다.

선물

지정된 분량의 상품을 구체적인 가격과 정해진 기간 내에 매수 혹은 매도한다는 내용을 합의한 일종의 계약서다. 주식 시장에서 거래되는 선물을 '금융 선물'이라고 한다.

상향식 접근 방식

기업이나 주식을 분석할 때 전반적인 경제 동향과 시장 진단의 영향을 받지 않고 주식 그 자체의 가치와 미래 전망 등에만 집중하는 분석 방법. 이런 방식을 따르는 투자자들을 '보텀업 투자자'라고 부른다.

성과지수

자본 변동이나 배당금 규모를 반영해 평가하는 지수. 성과지수의 대표적인 예가 '닥스 지수'다. 성과지수에 대응되는 개념을 시세지수라고 한다.

성장형 펀드

주로 평균 이상의 실적을 달성하고 강한 성장 잠재력을 제공하는 기업의 주식에 투자한다. 대표적인 예로 '템플턴 그로스 펀드'가 있다.

섹터 펀드

석유 산업, 자동차 산업, 소비재 산업 등 특정 업종에만 투자하는 펀드.

소형주

시가총액 및 주가가 낮은 소기업 주식을 말한다.

수익

수익의 종류에도 여러 가지가 있다. 자기자본수익은 투입된 자기자본에 대한 이자를 말하고, 총수익은 투입된 자기자본과 외부자본에 대한 이자를 말한다. 매출수익은 일정 기간 동안의 수익을 백분율로 나타낸 것이다.

수익률

이자 수입이나 투자 수익을 원금으로 나눈 값이다.

스탠더드앤드푸어스 500 지수

약칭으로 'S&P 500(Standard & Poor's 500) 지수'로 부른다. 미국 주식 시장을 대표하는 지수다. 미국 500대 기업의 주가를 반영시켜 산출하며, 다우존스 산업 평균 지수와 마찬가지로 미국 경제 상태를 정확하게 반영하고 있다.

스톡피커

상장 기업 혹은 상장 기업의 주식을 계획적으로 투자하는 투자자들을 일컫는다.

스프레드(가산금리)

유가증권을 매수하거나 매도할 때 시세의 차익을 말한다.

시가총액

상장된 특정 기업 주식의 총 평가액을 말한다. 시가총액은 주가와 유통 주식 수를 곱하여 산출한다.

시세 지수

성과지수와 달리 주식 그룹의 시세 동향만을 나타낸다. 시세 지수에는 자본 변경 이력이나 배당금 규모 추이 등은 반영되지 않는다.

실적

주식, 투자 펀드, 상장 기업에 대한 자금 투자의 모든 시세 변동을 나타내는 개념이다.

심리 분석

시장의 분위기와 투자자들의 심리 상태를 반영해 시세 동향을 평가하는 분석 방식을 말한다. 설문 조사, 기업 평판, 언론 보도 횟수 등을 바탕으로 이뤄진다.

아웃퍼포먼스

업계 평균치 혹은 각 시장의 일반적인 지수, 인덱스 펀드의 평균 수익률보다 훨씬 높은 주가 변동 추이를 말한다.

안전마진

주식을 매수할 때 손실 위험을 방어하는 쿠션. 가치투자자들은 안전마진을 확보하기 위해 늘 투자하기 전에 해당 투자 기업의 내재가치를 추정한다. 가치투자자들은 내재가치에 비해 주가가 약 20~25퍼센트 이상 저렴할 경우 안전마진이 확보되었다고 평가한다.

액면분할

고가의 주식을 외관상으로 매력적으로 보이게 하기 위한 조치다. 주식의 액면가를 분할하는 것이므로 주식 수는 증가하지만 자본금은 동일하다. 액면분할을 하면 주가가 하락한다. 주가가 낮아지기 때문에 신규 투자자들에게는 진입 장벽이 낮아진다. 기존 주주들은 액면분할로 무상증자를 하지만, 주식의 가치는 동일하다. 액면분할로 주식의 수가 두 배로 늘어나는 경우 기존의 주주들은 두 배의 무상

증자를 하는 셈이다.

연금기금

법적으로 독립적인 기관으로, 한 명 이상의 고용인이 피고용인에게 기업의 자본으로 운용되는 노령연금을 지급하도록 되어 있다. 피고용인은 연금기금에 지급을 청구할 권리를 갖는다. 연금기금은 평생 분할 지급받거나 일시금으로 지급받을 수 있다. 독일에서는 연금기금의 최대 90퍼센트를 주식에 투자할 수 있다. 연금기금으로 채권, 투자 펀드, 부동산, 채무 증서 등에 제한 없이 투자할 수 있다. 연금기금을 잘 활용하면 투자에서 큰 이득을 볼 수 있다.

외부자본

한 기업의 채무와 예비비로 구성된다. 쉽게 말해 대출, 저당 등을 뜻한다. 한 기업에 제공하는 모든 외부 자본을 뜻한다. 대차대조표에는 채무로 기입된다. 외부자본에 대비되는 개념은 자기자본이다.

우선주

수익 분배에 우선권을 갖는 주식으로 보통주보다 할당되는 배당금이 많다. 그러나 우선주 소유주는 정기 주주총회에서 발언권이 없다.

우호적 매수

공개 매수 계획 발표 전에 매수자와 피매수자가 합의에 도달한 경우를 뜻한다.

워런 버핏

미국의 가치투자자이자 대부호다. 투자사 버크셔해서웨이를 설립했다. 버크셔해서웨이의 'A주식'은 전 세계에 상장된 주식 중 가장 시세가 높다.

이사회

주식회사의 세 조직 가운데 하나다. 주식회사 이사회의 핵심 업무는 기업을 관리하고 법정과 법정 외에서 기업을 대표하는 것이다.

인덱스 펀드

다우존스 등 주가지수를 모방하는 주식 펀드를 말한다. 현재는 대개 상장지수펀드라는 의미로 사용된다.

잉여현금흐름

투자에 당장은 필요하지 않은 현금흐름을 일컫는다.

자기자본

한 기업의 자기자본은 기업의 자산에서 부채를 공제한 것이다. 달리 표현해 자기자본은 창업자가 기업에 투자한 자본과 기업 활동을 통해 벌어들인 모든 수익을 말한다. 자기자본에 대비되는 개념은 외부자본이다.

자기자본비율

한 기업의 총자본(대차대조표 총액)에 대한 자기자본의 비중을 나타내는 금융 지표다. 자기자본비율은 한 기업의 자본구조와 기업의 신뢰성에 관한 정보를 제공한다. 권장되는 자기자본비율은 업종에 따라 다르다.

자기자본수익률

관찰 기간 동안 한 기업의 자기자본에 얼마나 많은 수익이 발생했는지 알려주는 지표. 수익을 자기자본으로 나눈 값이다.

자본

한 기업의 자본은 자기자본과 외부자본으로 구성된다. 대차대조표에서 부채라고 표현한다.

장부가치

한 기업의 자산 가치(현재 자산)에서 부채를 차감한 것이 장부가치다.

장외 거래

장외에서 주식을 거래할 경우에 사용되는 개념이다. 'OTC'라고도 불리는데, OTC는 영어로 'Over The Counter'약자다. 이는 '계산대 뒤에서'라는 뜻이다.

재무상태표

한 기업의 모든 재무 현황을 일목요연하게 정리한 문서.

적대적 매수

이사회, 감독위원회, 종업원의 사전 합의 없이 이뤄지는 주식회사의 공개매수.

전환 사채

채권의 일종으로, 주식회사에서 외부 자금을 조달할 목적으로 발행할 수 있다. 전환 사채의 보유자는 정해진 기간에 해당 기업의 주식으로 전환할 수 있다. 주식으로 전환하지 않으면 채권과 동일하다.

정기 주주총회

법으로 정해진 주주들의 모임으로, 한 기업의 보통주 보유자는 누구나 이사회의 초청을 받아야 한다. 정기 주주총회는 1년에 한 번 개최된다. 특별 안건이 있는 경우 임시 주주총회 소집도 가능하다. 정기 주주총회에서 이사회와 감독위원회, 이른바 주식회사 이사회의 업무 집행이 승인되고, 수익 사용이나 정관 결정을 결의한다. 증자, 인수 등 중차대한 사안을 협의한다.

정크 본드

'쓰레기 채권'이라는 뜻으로 원리금 상환 불이행의 위험이 큰 채권을 말한다. 재정 상태가 취약해 은행의 대출 승인을 받을 수 없는 기업들이 정크 본드를 발행한다. 리스크가 높기 때문에 일반적으로 금리가 높다.

존 템플턴

템플턴 그로스 펀드 성장 펀드를 설립하였으며, 주식 역사상 가장 성공한 펀드매니저로 손꼽히는 인물이다.

주가 변동성

일정한 관찰 기간에 대한 한 주식의 표준편차(변동폭)를 일컫는다.

주가지수

주식 시장의 시세 변동을 수치로 나타낸 것이다.

주가매출비율

'PSR(Price Sales Ratio)'라고도 불린다. 특히 손실을 입은 주식의 가치를 평가하는 데 사용된다. 공산품 기업, 도매업, 원료 제조업 등 수익이 경기 동향에 좌우되는 주기성 주식의 경우, 주가매출비율을 평가의 기준으로 삼는다. 주가매출비율이 비교적 낮은 기업은 그렇지 않은 기업에 비해 가격 조건이 유리하다고 간주한다. 주가매출비율은 특정 종목의 시가 총액을 1주당 매출액으로 나눠 계산한다.

주가수익비율

'PER(Price Earning Ratio)'이라고 부른다. 한 기업의 주가가 현재 수익의 몇 배인지를 나타내는 금융 지표다. 주가수익비율은 주식 평가 시 가장 많이 사용되는 지표다. 그러나 손실을 입었을 경우 주가수익비율은 평가 기준으로 설득력이 없다. 이 경우에는 주가현금흐름비율을 기준으로 적용한다. 주가수익비율은 주가를 주가순이익으로 나눠 계산한다.

주가장부가치비율

'PBR(Price Book Value Ratio)'이라고 부른다. 주가장부가치비율은 워런 버핏, 벤저민 그레이엄 등의 가치투자자들이 주식과 기업을 평가하는 데 주로 사용했다. 주가장부가치비율이 낮을수록 주가가 낮다. 주가장부가치비율은 가치투자에서 특히 많이 사용된다. 주가장부가치비율은 주가를 주가장부가치로 나눠 계산한다. '주가장부가치비율'이라고도 한다.

주가순이익성장비율

'PEG(Price Earnings to Growth Ratio)'이라고 부른다. 주가순이익성장비율은 성장주가 저평가 혹은 고평가되었는지 판단하는 기준으로 활용된다. 주가순이익성장비율이 1보다 낮은 경우 저평가되었다는 뜻이다.

주가현금흐름비율

'PCR(Price Cashflow Ratio)'이라고 부른다. 유동성을 가늠하는 금융 지표다. 손실이 발생한 경우 주가수익비율 대신 주가현금흐름비율이 적용된다. 이 경우 주가수익비율은 유동성 평가 기준으로서 설득력이 없기 때문이다. 특히 주가현금흐름비율은 기업 경영진이 분식 회계를 하는 경우 타격을 적게 입는다. 주가현금흐름비율이 낮을수록 주식의 가치가 높다.

주식

주식회사에 대한 지분을 증서로 발행한 유가증권이다. 주식 소유주(주주)는 기본적으로 주식회사의 사원이다. 주식회사는 주주에게 주식을 매도하여 자기자본을 마련한다.

주식 병합

주식을 병합하면 한 기업에서 발행한 주식의 수가 감소하거나, 주식의 액면가가 상승한다. 주식 병합 결과 분할 비율에 따라 주가가 상승한다. 예를 들어 주식이 지나치게 낮은 가격으로 거래될 때 주식 병합이 이뤄진다. 바로 이때 페니스톡을 노리고 투자자들이 몰려들기도 한다. 주식 병합의 반대 개념은 액면분할이다.

주식 옵션

계약으로 합의된 권리를 말한다. 주식 옵션은 거래 기간이 한정되어 있다. 대표적으로 콜옵션과 풋옵션 등이 있다. 콜옵션은 옵션 거래 기간 동안 미리 정해 놓은 가격(행사 가격)에 정해진 수만큼 매입할 수 있는 권리를 보장한다. 풋옵션은 주식 시세가 상승할 때 적은 자본을 투입해 시세 차익을 노리는 투기 목적으로 이용된다. 따라서 풋옵션은 시장이 하락할 때 포트폴리오를 방어하는 안전장치로 활용된다.

주식 환매

주식회사가 자사에서 발행한 주식을 다시 매입하는 것을 주식 환매라고 한다. 일반적으로 주식 환매 후에는 주식의 가치가 상승한다. 또는 기업 인수를 막기 위한 조치로 주식 환매가 이루어지기도 한다.

주식형 펀드

펀드매니저가 관리하는 특별 자산으로, 다양한 주식에 투자하는 펀드다. 주식형 펀드 외에도 부동산 펀드, 연금 펀드, 혼합형 펀드가 있다.

주식회사

주식법 1조에 의하면 주식회사는 고유의 법인격이 있는 회사다. 주식에는 주식회사의 자본이 분할되어 있다. 주식회사는 자사 주식을 증시에 상장시킬 수도 있고, 증시를 통해 매도나 재매수할 수 있다.

증거금

흔히 레버리지 투자를 하는 매수자들이 결제를 이행할 때 지불하는 보증금을 말한다. 증거금은 투기가 잘못되었을 때 손실을 청산하는 데 사용된다. 선물 거래나 공매도에서도 증거금이 필요하다.

증시

주식 (혹은 다른 상품)이 거래되는 장소를 말한다. 뉴욕, 런던, 도쿄에 위치한 증권거래소가 가장 대표적이다.

짐 로저스

이른 나리에 주식 투자로 대성공을 거둔 미국의 투자자다. 로저스는 원자재 투자의 황제이자 중국 투자자로도 유명하다.

차액 결제 거래

약어로 'CFD(Contracts for Difference)'라고 불린다. 주식, 원자재, 통화 거래 시에는 시세 차익이 발생한다. 차액 결제 거래는 거래 당사자 간 이러한 시세 차익을 합의시켜주는 일종의 지불 합의다. 차액 결제 거래는 트레이더에게 일정한 기준을 정하지 않고 시세를 정할 수 있도록 허용한다. 차액 결제 거래는 투기성이 강하고 높은 수익을 달성할 수 있다는 점에서 매력적이다. 레버리지 효과가 발생하는 금융 상품으로, 자본을 적게 투입해서 수익을 크게 올릴 수 있다.

차익 거래

시간, 공간이 달라질 때 발생하는 가격 차이를 활용하는 투자법. 예를 들어 여러 지역에서 한 주식에 투자하는 경우 시세가 다를 수 있다. 이 경우 시세가 저렴한 지역에서 주식을 매입해, 더 높은 시세로 다른 지역에서 매도하면 시세 차익을 얻을 수 있다. 하지만 전자상거래 도입으로 시장의 투명성이 꾸준히 증가하면서 유가증권의 차익 거래는 그

의미를 잃고 있다.

찰리 멍거

미국의 법률가이자 가치투자자. 1978년부터 버크셔해서웨이의 부회장으로 활약 중이다.

채권

고정 금리의 유가증권을 말한다. 채권은 은행, 기업, 지방자치단체 등 여러 기관에서 발행한다.

채권 펀드

주로 채권에 투자하는 투자 펀드를 말한다. 채권 펀드에 투자할 경우 특히 금리가 인하되는 시기에 수익을 얻을 수 있다.

채무

한 기업이 공개적으로 책임져야 부채의 총합을 일컫는다. 은행 대출, 각 기업이 발행한 채권(회사채), 고객이 아직 지불하지 않은 할부금 등을 모두 포함한다. 한 기업의 채무는 대차대조표의 대변에 기입한다.

청산

파생상품, 유가증권, 외환 등을 매입하거나 매도할 때 상쇄 거래를 통해 기존의 부채를 정리하는 것을 뜻한다.

총자본수익률

한 기업이 자본으로 만들어낸 수익의 비율을 뜻한다. 어떤 기업의 총자본수익률이 10퍼센트라는 것은 이 기업이 100달러의 자본을 투입해 10달러의 수익을 거뒀다는 뜻이다.

총자산이익률

한 기업이 자산으로 벌어들인 모든 당기순이익의 비율을 뜻한다. 총자산이익률이 10퍼센트라면 100달러의 자산을 투입해 10달러의 당기순이익을 거뒀다는 뜻이다.

턴어라운드

어떤 기업이나 종목이 조직 개혁과 경영 혁신을 통해 실적이 개선되는 상황을 뜻한다.

투기꾼

장기적으로 투자할 목적이 아니라 단기적인 이익을 취하기 위해 주식을 매입한다. 투기꾼들은 리스크가 높은 주식에도 자주 투자한다. 독일어에서 '투기꾼'과 '무책임한 행위'는 동의어로 통한다.

투자 펀드

주식형 펀드, 부동산 펀드, 원자재 펀드, 채권 펀드 등으로 나뉜다. 여러 유형의 펀드에 투자하는 혼합형 펀드와, 여러 혼합형 펀드에 재투자하는 펀드 오브 펀드(재간접 펀드)로 구분하기도 한다. 투자 펀드를 구분하는 또 다른 기준은 접근성이다. 접근성에 따라 투자 펀드는 개방형 펀드와 폐쇄형 펀드로 구분된다, 개방형 펀드의 경우 언제든 채권을 거래할 수 있다. 폐쇄형 펀드인 경우 공모 기간에만 취득할 수 있고 만기가 되면 자본 회사는 펀드를 회수한다.

투자 지표

한 기업의 기본적 성과를 평가하는 모든 지표를 말한다. 배당수익률, 자기자본비율, 자기자본이익률, 주가수익비율, 주가순자산비율, 주가현금흐름비율, 주가매출비율 등이 포함된다.

트레이더

단기간에 유가증권을 매입하고 매도하는 전문 투자자. 이들은 수익성이 높은 분야에 투자해 시세 차익을 노린다.

티본드

10년에서 30년 기간을 두고 운용되는 미국의 단기 국채.

티빌

재무성 단기 증권. 한 달이나 1년 동안만 운용되는 미국의 단기 국채를 일컫는다.

파생상품

다른 금융상품의 시세 변동(기준치)에 따라 가격이 정해지는 금융상품. 파생상품은 각 기준치의 시세 변동을 크게 체감할 수 있도록, 즉 레버리지 효과를 낼 수 있도록 구성되어 있다. 파생상품은 주가가 하락했을 경우 손실에 대비할 수 있을 뿐만 아니라, 기준치보다 주가가 상승했을 때 수익을 얻을 수 있다. 가장 많이 거래되는 파생상품으로는 채무증서, 옵션, 선물, 차액 결제 거래 등이 있다.

펀드

라틴어에서 온 개념으로, 원래는 토지나 땅의 규모를 헤아리는 단위로 활용됐다. 자본주의 시대로 넘어와 펀드라는 단어는 자산과 자본을 아우르는 상위 개념으로 통용되고 있다. 투자 시장에서는 모든 투자 대상을 지칭하는 단어로 쓰인다.

펀드매니저

펀드를 관리하는 사람. 그들이 하는 일은 펀드 자산의 수익률을 최대한 높이고 투자하는 것이다. 펀드매니저는 투자 상황, 투자 원칙, 법적 투자 범위 내에서 투자를 결정한다. 피터 린치와 존 템플턴은 투자 역사에서 가장 성공한 펀드매니저로 손꼽힌다.

페니스톡

아주 낮은 가격으로 거래되는 주식을 말한다. 유럽에서는 1유로 미만으로 거래되는 주식을 말한다. 미국에서는 5달러 미만으로 거래되는 주식을 페니스톡이라고 부른다. 페니스톡은 주가 변동이 잦고 투기자들이 가장 좋아하는 투기 대상이다.

포트폴리오

한 투자자가 투자한 모든 자산군을 총칭한다.

포트폴리오 이론

광범위하게 분산된 포트폴리오를 통해 유가증권 투자에서 발생할 수 있는 리스크를 줄일 수 있다고 주장하는 이론. 포트폴리오 이론에 의하면 다양한 주식을 한 계좌에 예탁했을 때 유용하다. 포트폴리오 이론은 노벨경제학상 수상자 해리 M. 마코위츠에 의해 개발되었다.

피터 린치

피델리티 마젤란 펀드를 운용했으며 주식 역사상 가장 성공한 펀드매니저로 손꼽힌다.

하향식 접근 방식

추상적인 영역에서 점차 내려가 구체적인 영역으로 단계적으로 분석해나가는 투자 방식. 먼저 거시 경제와 업계의 전반적인 상황을 관찰하고, 특정 기업이나 원자재 등을 분석한다. '톱다운 투자'라고도 불린다. 이것과 반대되는 개념이 상향식 접근 방식(보텀업 투자)이다.

합병

두 개 이상의 독립적인 기업이 한 기업으로 합쳐지는 것을 말한다.

행동경제학

시장 참여자들이 보이는 비이성적인 행동을 심리학적으로 해석하는 경제 이런. 주식 시장에서 비이성적인 행동을 보이는 대표적인 예로, 벤저민 그레이엄이 만든 가상의 인물

'미스터 마켓'이 있다. 그레이엄은 미스터 마켓이라는 허구의 인물을 만들어 특정 상황에서 투자자들이 비이성적인 행동을 하는 이유를 설명했다.

헐값 매입 투자자

시세가 떨어질 때 공매도나 풋옵션 등으로 투기를 하는 사람.

현금흐름

한 기업의 유동성을 평가하는 기준이다. 현금흐름은 한 기업에 유입되고 유출되는 현금의 차이로 인해 발생한다.

헤지펀드

매우 자유롭게 투자 정책을 적용할 수 있는 투자 펀드다. 헤지펀드는 주로 투기나 헤징(가격 변동으로 인한 손실을 막기 위해 실시하는 금융 거래 행위-옮긴이)을 목적으로 하는 파생상품이다. 파생상품의 레버리지 효과를 통해 막대한 수익을 올릴 수 있지만 그만큼 손실 리스크도 매우 크다.

미주

1 Kostolany, André, Weisheit eines Spekulanten, Düsseldorf 1996, S. 37 f.

2 Vgl. Kostolany, André, Kostolanys Wunderland von Geld und Börse, München 2000, S. 100 f.

3 Kostolany, André, Die Kunst, über Geld nachzudenken, München 2000, S. 33.

4 Kühne, H.-J., André Kostolany – Ein Wanderprediger der Börse im 20. Jahrhundert, Düsseldorf 1999, S. 202.

5 Kostolany, André, Der große Kostolany, München 2001, S. 253.

6 Kostolany, André, Die Kunst, über Geld nachzudenken, München 2000, S. 181.

7 https://www.welt.de/print-welt/article646300/Der-Traum-vom-muehelosen-Reichtum.html

8 Kostolany, André, Der große Kostolany, München 2001, S. 455.

9 Kostolany, André, Weisheit eines Spekulanten, Düsseldorf 1996, S. 35.

10 Kostolany, André, Weisheit eines Spekulanten, Düsseldorf 1996, S. 11.

11 Kostolany, André, Kostolanys Bilanz der Zukunft, München 1999, S. 188.

12 Vgl. Kühne, Hans-Jörg, André Kostolany – Ein Wanderprediger der

Börse im 20. Jahrhundert, Düsseldorf 1999, S. 14 f.

13 Kostolany, André, Weisheit eines Spekulanten, Düsseldorf 1996, S. 37.

14 Kühne, Hans-Jörg, André Kostolany – Ein Wanderprediger der Börse im 20. Jahrhundert, Düsseldorf 1999, S. 24.

15 Kostolany, André, Das ist die Börse – Bekenntnisse eines Spekulanten, Stuttgart 1961, S. 55.

16 Kostolany, André, Das ist die Börse – Bekenntnisse eines Spekulanten, Stuttgart 1961, S. 56.

17 In seinem Erstlingswerk »Das ist die Börse« erwähnt Kostolany anstatt der in Deutschland bekannten Enzyklopädie Brockhaus noch die französische Enzyklopädie Larousse.

18 Kostolany, André, Kostolanys Wunderland von Geld und Börse, München 2000, S. 101.

19 Kostolany, André, Der große Kostolany, München 2001, S. 492.

20 Kostolany, André, Das ist die Börse – Bekenntnisse eines Spekulanten, Stuttgart 1961, S. 38.

21 Kostolany, André, Kostolanys Börsenpsychologie, Düsseldorf 1991, S. 139.

22 Kostolany, André, Der große Kostolany, München 2001, S. 455.

23 Kühne, Hans-Jörg, André Kostolany – Ein Wanderprediger der Börse im 20. Jahrhundert, Düsseldorf 1999, S. 28.

24 Kostolany, André, Das ist die Börse – Bekenntnisse eines Spekulanten, Stuttgart 1961, S. 148.

25 Kostolany, André, Das ist die Börse – Bekenntnisse eines Spekulanten, Stuttgart 1961, S. 150.

26 Kostolany, André, Kostolanys Bilanz der Zukunft, München 1999, S. 15.

27 Kostolany, André, Der große Kostolany, München 2001, S. 717.
28 Kostolany, André, Die Kunst, über Geld nachzudenken, München 2000, S. 32.
29 Kostolany, André, Das ist die Börse – Bekenntnisse eines Spekulanten, Stuttgart 1961, S. 148.
30 Kostolany, André, Der große Kostolany, München 2001, S. 265.
31 Kostolany, André, Weisheit eines Spekulanten, Düsseldorf 1996, S. 58.
32 Vgl. Kühne, Hans-Jörg, André Kostolany – Ein Wanderprediger der Börse im 20. Jahrhundert,Düsseldorf 1999, S. 27 ff.
33 Kostolany, André, Kostolanys Börsenpsychologie, Düsseldorf 1991, S. 35.
34 Kostolany, André, Der große Kostolany, München 2001, S. 267 f.
35 Kostolany, André, Der große Kostolany, München 2001, S. 268.
36 Kostolany, André, Das ist die Börse – Bekenntnisse eines Spekulanten, Stuttgart 1961, S. 154.
37 Vgl. Kühne, Hans-Jörg, André Kostolany – Ein Wanderprediger der Börse im 20. Jahrhundert, Düsseldorf 1999, S. 45.
38 Vgl. Kostolany, André, Weisheit eines Spekulanten, Düsseldorf 1996, S. 69.
39 Kostolany, André, Kostolanys beste Tipps für Geldanleger, München 1998, S. 15.
40 Kostolany, André, Kostolanys beste Tipps für Geldanleger, München 1998, S. 16.
41 Kostolany, André, Kostolanys beste Tipps für Geldanleger, München 1998, S. 16.
42 Kostolany, André, Kostolanys beste Geldgeschichten, Düsseldorf 1991, S. 17.

43 Kostolany, André, Das ist die Börse – Bekenntnisse eines Spekulanten, Stuttgart 1961, S. 170.
44 Kostolany, André, Das ist die Börse – Bekenntnisse eines Spekulanten, Stuttgart 1961, S. 175.
45 Kostolany, André, Kostolanys Bilanz der Zukunft, München 1999, S. 246.
46 Kostolany, André, Kostolanys Bilanz der Zukunft, München 1999, S. 157.
47 Kostolany, André, Das ist die Börse – Bekenntnisse eines Spekulanten, Stuttgart 1961, S. 176.
48 Kostolany, André, Der große Kostolany, München 2001, S. 270.
49 Kostolany, André, Kostolanys beste Geldgeschichten, Düsseldorf 1991, S. 254.
50 Vgl. Kostolany, André, Weisheit eines Spekulanten, Düsseldorf 1996, S. 84 f.
51 Kostolany, André, Der große Kostolany, München 2001, S. 729 f.
52 Kostolany, André, Kostolanys Bilanz der Zukunft, München 1999, S. 237.
53 Kostolany, André, Kostolanys Bilanz der Zukunft, München 1999, S. 198.
54 www.welt.de/print-welt/article646300/Der-Traum-vom-muehelosen-Reichtum.html
55 Kostolany, André, Die Kunst, über Geld nachzudenken, München 2000, S. 26.
56 Kostolany, André, Die Kunst, über Geld nachzudenken, München 2000, S. 25.
57 Kostolany, André, Die Kunst, über Geld nachzudenken, München

2000, S. 45.

58 Kostolany, André, Der große Kostolany, München 2001, S. 475.

59 Kostolany, André, Kostolanys Bilanz der Zukunft, München 1999, S. 36.

60 Kostolany, André, Kostolanys Bilanz der Zukunft, München 1999, S. 156.

61 Kostolany, André, Die Kunst, über Geld nachzudenken, München 2000, S. 225.

62 Kostolany, André, Der große Kostolany, München 2001, S. 433.

63 Kühne, Hans-Jörg, André Kostolany – Ein Wanderprediger der Börse im 20. Jahrhundert, Düsseldorf 1999, S. 99.

64 Vgl. Kühne, Hans-Jörg, André Kostolany – Ein Wanderprediger der Börse im 20. Jahrhundert, Düsseldorf 1999, S. 99 f.

65 Kostolany, André, Kostolanys Bilanz der Zukunft, München 1999, S. 204.

66 Kostolany, André, Der große Kostolany, München 2001, S. 787 f.

67 Kostolany, André, Die Kunst, über Geld nachzudenken, München 2000, S. 26.

68 Kostolany, André, Die Kunst, über Geld nachzudenken, München 2000, S. 26 f.

69 Kostolany, André, Die Kunst, über Geld nachzudenken, München 2000, S. 27.

70 Kostolany, André, Weisheit eines Spekulanten, Düsseldorf 1996, S. 132 f.

71 Kostolany, André, Kostolanys Bilanz der Zukunft, München 1999, S. 107.

72 Kostolany, André, Kostolanys Bilanz der Zukunft, München 1999, S.

124.

73 Kostolany, André, Kostolanys Bilanz der Zukunft, München 1999, S. 109.

74 Kostolany, André, Der große Kostolany, München 2001, S. 352 f.

75 Kostolany, André, Das ist die Börse – Bekenntnisse eines Spekulanten, Stuttgart 1961, S. 204.

76 Kostolany, André, Kostolanys Bilanz der Zukunft, München 1999, S. 207.

77 Kostolany, André, Weisheit eines Spekulanten, Düsseldorf 1996, S. 133.

78 Kostolany, André, Der große Kostolany, München 2001, S. 596.

79 Kostolany, André, Kostolanys beste Tipps für Geldanleger, München 1998, S. 174.

80 Kostolany, André, Der große Kostolany, München 2001, S. 655.

81 Kostolany, André, Kostolanys beste Tipps für Geldanleger, München 1998, S. 174.

82 Kostolany, André, Kostolanys Bilanz der Zukunft, München 1999, S. 42.

83 Kostolany, André, Die Kunst, über Geld nachzudenken, München 2000, S. 229.

84 Stefan Riße im Vorwort des letzten Buches von André Kostolany: Kostolany, André, Die Kunst, über Geld nachzudenken, München 2000, S. 10.

85 Kostolany, André, Der große Kostolany, München 2001, S. 465.

86 Kostolany, André, Der große Kostolany, München 2001, S. 459.

87 Kostolany, André, Der große Kostolany, München 2001, S. 460.

88 Kostolany, André, Der große Kostolany, München 2001, S. 742.

89 Vgl. https://www.gottfried-heller.de/erinnerungen-kostolany
90 Kostolany, André, Das ist die Börse – Bekenntnisse eines Spekulanten, Stuttgart 1961, S. 235.
91 Kostolany, André, Kostolanys beste Tipps für Geldanleger, München 1998, S. 122.
92 Kostolany, André, Kostolanys beste Tipps für Geldanleger, München 1998, S. 124.
93 Kostolany, André, Die Kunst, über Geld nachzudenken, München 2000, S. 127.
94 Kostolany, André, Kostolanys Börsenpsychologie, Düsseldorf 1991, S. 239 f.
95 Vgl. Kühne, Hans-Jörg, André Kostolany – Ein Wanderprediger der Börse im 20. Jahrhundert, Düsseldorf 1999, S. 144.
96 Vgl. Kostolany, André, Kostolanys Bilanz der Zukunft, München 1999, S. 135.
97 Kostolany, André, Weisheit eines Spekulanten, Düsseldorf 1996, S. 149.
98 Vgl. Kühne, Hans-Jörg, André Kostolany – Ein Wanderprediger der Börse im 20. Jahrhundert, Düsseldorf 1999, S. 139 f.
99 Kostolany, André, Der große Kostolany, München 2001, S. 389.
100 Vgl. Kühne, Hans-Jörg, André Kostolany – Ein Wanderprediger der Börse im 20. Jahrhundert, Düsseldorf 1999, S. 148.
101 Kostolany, André, Weisheit eines Spekulanten, Düsseldorf 1996, S. 155.
102 Kostolany, André, Kostolanys Börsenpsychologie, Düsseldorf 1991, S. 241.
103 Kostolany, André, Der große Kostolany, München 2001, S. 457.

104 Kostolany, André, Weisheit eines Spekulanten, Düsseldorf 1996, S. 159.
105 Vgl. https://de.wikipedia.org/wiki/Andr%C3%A9_Kostolany
106 Kostolany, André, Kostolanys Bilanz der Zukunft, München 1999, S. 250.
107 Kostolany, André, Weisheit eines Spekulanten, Düsseldorf 1996, S. 208.
108 Kostolany, André, Der große Kostolany, München 2001, S. 711.
109 www.gottfried-heller.de/erinnerungen-kostolany
110 Kostolany, André, Weisheit eines Spekulanten, Düsseldorf 1996, S. 162.
111 Kostolany, André, Kostolanys Bilanz der Zukunft, München 1999, S. 189.
112 Kostolany, André, Der große Kostolany, München 2001, S 35
113 Kostolany, André, Kostolanys Bilanz der Zukunft, München 1999, S 155
114 Kostolany, André, Kostolanys Bilanz der Zukunft, München 1999, S. 13.
115 Vgl. Balsiger, P.; Werner, F.B., Die Erfolgsgeheimnisse der Börsenmillionäre, München 2016, S. 82.
116 Kostolany, André, Weisheit eines Spekulanten, Düsseldorf 1996, S. 148.
117 Kostolany, André, Der große Kostolany, München 2001, S. 463.
118 Kostolany, André, Die Kunst, über Geld nachzudenken, München 2000, S. 49.
119 Kostolany, André, Kostolanys Bilanz der Zukunft, München 1999, S. 36.

120 Kostolany, André, Die Kunst, über Geld nachzudenken, München 2000, S. 54.

121 Kostolany, André, Kostolanys Bilanz der Zukunft, München 1999, S. 33.

122 Kostolany, André, Kostolanys Bilanz der Zukunft, München 1999, S. 33.

123 Kostolany, André, Der große Kostolany, München 2001, S. 33.

124 Kostolany, André, Kostolanys Bilanz der Zukunft, München 1999, S. 22.

125 Kostolany, André, Kostolanys Bilanz der Zukunft, München 1999, S. 23.

126 Kostolany, André, Der große Kostolany, München 2001, S. 234.

127 Vgl. Kostolany, André, Kostolanys beste Geldgeschichten, Düsseldorf 1991, S. 222.

128 Vgl. Kostolany, André, Kostolanys beste Geldgeschichten, Düsseldorf 1991, S. 221 ff.
und Kostolany, André, Kostolanys Börsenweisheit, Düsseldorf 1986, S. 71 ff.
und Kostolany, André, Der große Kostolany, München 2001, S. 134 ff.
und Kostolany, André, Der große Kostolany, München 2001, S. 693 ff.
und Kostolany, André, Kostolanys Wunderland von Geld und Börse, München 2000, S.65 f.
und Kostolany, André, Die Kunst, über Geld nachzudenken, München 2000, S. 130 ff.

129 Kostolany, André, Der große Kostolany, München 2001, S. 362.

130 Kostolany, André, Der große Kostolany, München 2001, S. 693.

131 Kostolany, André, Der große Kostolany, München 2001, S. 233.

132 Kostolany, André, Der große Kostolany, München 2001, S. 642.

133 Kostolany, André, Kostolanys Wunderland von Geld und Börse, München 2000, S. 82.

134 Kostolany, André, Das ist die Börse – Bekenntnisse eines Spekulanten, Stuttgart 1961, S. 232.

135 Kostolany, André, Der große Kostolany, München 2001, S. 82.

136 Kostolany, André, Der große Kostolany, München 2001, S. 91.

137 Kostolany, André, Die Kunst, über Geld nachzudenken, München 2000, S. 163 f.

138 Kostolany, André, Die Kunst, über Geld nachzudenken, München 2000, S. 81.

139 Kostolany, André, Die Kunst über Geld nachzudenken, München 2000, S. 82.

140 Kostolany, André, Der große Kostolany, München 2001, S. 75.

141 Kostolany, André, Die Kunst, über Geld nachzudenken, München 2000, S. 121 ff.

und Kostolany, André, Der große Kostolany, München 2001, S. 74 und Kostolany, André, Kostolanys Bilanz der Zukunft, München 1999, S. 33 f.

142 Kostolany, André, Kostolanys Bilanz der Zukunft, München 1999, S. 40.

143 Kostolany, André, Der große Kostolany, München 2001, S. 649.

144 Kostolany, André, Kostolanys Bilanz der Zukunft, München 1999, S. 37.

145 Kostolany, André, Kostolanys beste Geldgeschichten, Düsseldorf 1991,

S. 224.
146 Kostolany, André, Der große Kostolany, München 2001, S. 74.
147 Kostolany, André, Die Kunst, über Geld nachzudenken, München 2000, S. 127.
148 Kostolany, André, Die Kunst, über Geld nachzudenken, München 2000, S. 87.
149 Kostolany, André, Der große Kostolany, München 2001, S. 74.
150 Kostolany, André, Das ist die Börse – Bekenntnisse eines Spekulanten, Stuttgart 1961, S. 218.
151 Kostolany, André, Das ist die Börse – Bekenntnisse eines Spekulanten, Stuttgart 1961, S. 218.
152 Kostolany, André, Kostolanys Wunderland von Geld und Börse, München 2000, S. 72.
153 Kostolany, André, Kostolanys Wunderland von Geld und Börse, München 2000, S. 74.
154 Kostolany, André, Kostolanys Wunderland von Geld und Börse, München 2000, S. 55.
155 Kostolany, André, Die Kunst, über Geld nachzudenken, München 2000, S. 111.
156 Kostolany, André, Die Kunst, über Geld nachzudenken, München 2000, S. 99.
157 Kostolany, André, Die Kunst, über Geld nachzudenken, München 2000, S. 99.
158 Kostolany, André, Die Kunst, über Geld nachzudenken, München 2000, S. 99.
159 Kostolany, André, Kostolanys Bilanz der Zukunft, München 1999, S. 99.

160 Kostolany, André, Die Kunst, über Geld nachzudenken, München 2000, S. 99.

161 Kostolany, André, Kostolanys Wunderland von Geld und Börse, München 2000, S. 56.

162 Kostolany, André, Die Kunst, über Geld nachzudenken, München 2000, S. 100.

163 Kostolany, André, Die Kunst, über Geld nachzudenken, München 2000, S. 100.

164 Kostolany, André, Kostolanys Bilanz der Zukunft, München 1999, S. 67.

165 Morrien, R., Vinkelau, H., Alles, was Sie über Jim Rogers wissen müssen, München 2020.

166 Morrien, R., Vinkelau, H., Alles, was Sie über Warren Buffett wissen müssen, München 2018.

167 Morrien, R., Vinkelau, H., Alles, was Sie über Charlie Munger wissen müssen, München 2018.

168 Morrien, R., Vinkelau, H., Alles, was Sie über Benjamin Graham wissen müssen, München 2018.

169 Morrien, R., Vinkelau, H., Alles, was Sie über Peter Lynch wissen müssen, München 2019.

170 Morrien, R., Vinkelau, H., Alles, was Sie über John Templeton wissen müssen, München 2020.

171 Vgl. Kostolany, André, Die Kunst, über Geld nachzudenken, München 2000, S. 205 ff.

172 Kostolany, André, Die Kunst, über Geld nachzudenken, München 2000, S. 205.

173 Kostolany, André, Die Kunst, über Geld nachzudenken, München

2000, S. 207.

174 Kostolany, André, Der große Kostolany, München 2001, S. 699.

175 Kostolany, André, Der große Kostolany, München 2001, S. 270.

176 Vgl. Kostolany, André, Kostolanys Wunderland von Geld und Börse, München 2000, S. 61.

177 Kostolany, André, Die Kunst, über Geld nachzudenken, München 2000, S. 209.

포성이 울리면 사고,

감미로운 바이올린 소리가 들리면 팔아라.

더 클래식 앙드레 코스톨라니

초판 1쇄 인쇄 2022년 5월 17일
초판 1쇄 발행 2022년 6월 7일

지은이 롤프 모리엔·하인츠 핀켈라우
옮긴이 강영옥
감수 이상건
펴낸이 김선식

경영총괄 김은영
책임편집 성기병 **디자인** 윤유정 **책임마케터** 이고은
콘텐츠사업1팀장 임보윤 **콘텐츠사업1팀** 윤유정, 한다혜, 성기병, 문주연
편집관리팀 조세현, 백설희 **저작권팀** 한승빈, 김재원, 이슬
마케팅본부장 권장규 **마케팅2팀** 이고은, 김지우
미디어홍보본부장 정명찬
홍보팀 안지혜, 김은지, 박재연, 이소영, 이예주, 오수미
뉴미디어팀 허지호, 박지수, 임유나, 송희진, 홍수경
경영관리본부 하미선, 이우철, 박상민, 윤이경, 김재경, 최완규
이지우, 김혜진, 오지영, 김소영, 안혜선, 김진경, 황호준, 양지환
물류관리팀 김형기, 김선진, 한유현, 민주홍, 전태환, 전태연, 양문현
외부스태프 표지 일러스트 손창현

펴낸곳 다산북스 **출판등록** 2005년 12월 23일 제313-2005-00277호
주소 경기도 파주시 회동길 490
전화 02-702-1724 **팩스** 02-703-2219 **이메일** dasanbooks@dasanbooks.com
홈페이지 www.dasan.group **블로그** blog.naver.com/dasan_books
종이 IPP **인쇄** 민언프린텍 **제본** 다온바인텍 **후가공** 제이오엘앤피

ISBN 979-11-306-9070-4 (04320)